Paul Thießen

**Programmieren von
Taschenrechnern 4**

Formelzeichen mit Abkürzungen

A	Fläche
a	Beschleunigung
c_w	Luftwiderstandsbeiwert
d	Durchmesser
F	Kraft
g	Erdbeschleunigung
h	Höhe
M	Biegemoment
m	Masse
Q	Querkraft
V	Volumen
v	Geschwindigkeit
ρ_0	Luftdichte
G	Glied einer Folge
g	Klassengrenzen
ggT	größter gemeinsamer Teiler
i, j, k, n	Laufzahlen
N = N1(D)N2	Laufanweisung: N nimmt mit der Schrittweite D alle Werte zwischen N1 und N2 an
$\in \mathbb{N}$	Element der natürlichen Zahlen
p	Zinssatz in %
q	Zinsfaktor 1 + p/100
R	Korrelationsfaktor
S, s	Summen
sinh	Hyperbelsinus usw.
sign (x)	Vorzeichenfunktion $\frac{x}{|x|}$
$\bar{x}$	Mittelwert aller Werte x_i
$\tilde{x}$	Quadratischer Mittelwert aller Werte x_i
ϵ	Restfehler
a, b, c, φ	Fourier-Koeffizienten
Sp. n	Speicher n
(Sp.n), (n)	Inhalt von Speicher n
÷	Divisionszeichen beim Rechnerausdruck
×	Multiplikationszeichen beim Rechnerausdruck

Zur Kennzeichnung und Unterscheidung von verschiedenen gleichartigen Größen (z.B. Spannungen, Widerständen, Geschwindigkeiten, Zahlen) werden in diesem Buch gleichberechtigt nebeneinander die Unterscheidung durch Indizes (U_1, U_2, U_{01}, R_1, R_{01}, R_{max}) und durch „Wort"-bildung (U1, U2, U01, R1, R01, Rmax) benutzt, um den Leser an die bei Großrechenanlagen übliche Schreibweise zu gewöhnen.

Im Textdruck ist die Ziffer 0 (Null) wie üblich gedruckt, während sie bei den Ausdrucken des Rechners als durchgestrichene Null (∅) dargestellt wird, um mögliche Verwechslungen mit dem Buchstaben O zu vermeiden.

Paul Thießen

Programmieren von Taschenrechnern 4

Lehr- und Übungsbuch für die Rechner HP-29C/HP-19C und HP-67/HP-97

2., durchgesehene Auflage

Herausgegeben
von Hans Heinrich Gloistehn

Springer Fachmedien Wiesbaden GmbH

CIP-Kurztitelaufnahme der Deutschen Bibliothek

Thiessen, Paul:
Lehr- und Übungsbuch für die Rechner HP-29C/
HP-19C und HP-67/HP-97/Paul Thiessen. Hrsg.
von Hans Heinrich Gloistehn. — 2., durchges.
Aufl. — Braunschweig, Wiesbaden: Vieweg,
1981.
 (Programmieren von Taschenrechnern; 4)
 ISBN 978-3-528-14158-5

1. Auflage 1980
2., durchgesehene Auflage 1981

Alle Rechte vorbehalten

© Springer Fachmedien Wiesbaden 1981
Ursprünglich erschienen bei Friedr. Vieweg & Sohn Verlagsgesellschaft mbH, Braunschweig 1981

Die Vervielfältigung und Übertragung einzelner Textabschnitte, Zeichnungen oder Bilder,
auch für Zwecke der Unterrichtsgestaltung, gestattet das Urheberrecht nur, wenn sie mit
dem Verlag vorher vereinbart wurden. Im Einzelfall muß über die Zahlung einer Gebühr
für die Nutzung fremden geistigen Eigentums entschieden werden. Das gilt für die
Vervielfältigung durch alle Verfahren, einschließlich Speicherung und jede Übertragung
auf Papier, Transparente, Filme, Bänder, Platten und andere Medien.

Satz: Vieweg, Wiesbaden
Druck: E. Hunold, Braunschweig
Buchbinderische Verarbeitung: W. Langelüddecke, Braunschweig

ISBN 978-3-528-14158-5   ISBN 978-3-663-19693-8 (eBook)
DOI 10.1007/978-3-663-19693-8

Vorwort

Der Verfasser ist gern dem Vorschlag des Herausgebers nachgekommen, an der Reihe „Programmieren von Taschenrechnern" mitzuwirken. Die elektronischen Taschenrechner haben den Rechenschieber sehr schnell abgelöst, dessen Nachteil es war, daß man mit ihm keine Addition und Subtraktion ausführen konnte und daß er die Zehnerpotenzen nicht anzeigte. Darüberhinaus ist die Genauigkeit und die Vielseitigkeit beim Taschenrechner so weit gesteigert, daß viele Nachschlagewerke wie Logarithmentafeln usw. völlig überflüssig geworden sind.

Es wird von einigen Seiten eingewendet, daß der Elektronenrechner dazu verführt, auch nicht mehr die einfachsten Rechnungen und Schätzungen „im Kopf" zu machen. Diese Gefahr ist sicher nicht zu leugnen. Aber ebenso, wie das Automobil nicht verhindern konnte, daß wir — mehr denn je zuvor — gehen, laufen und Sport treiben, kann man hoffen, daß das Kopfrechnen nicht ausstirbt. Eines ist aber sicher: Die neue durch den Elektronenrechner bedingte Rechentechnik zwingt eindeutig dazu, die gewonnene Zeit dazu zu verwenden, um kritisch zu denken und zu planen und um Testmethoden zu entwickeln, die für die Programmkorrektur unerläßlich sind. Hierbei muß auch wie schon immer im Kopf das Ergebnis geschätzt und mit dem errechneten verglichen werden. Gerade das Programmieren setzt eine Disziplin im Denken voraus, die früher bei der Ausführung von Rechnungen „nach Vorschrift" in dem Maße nicht im entferntesten gefordert wurde.

Als Ergebnis muß demnach doch wohl zugegeben werden, daß auch im Schul- und Ausbildungsbereich der elektronische Taschenrechner ein großer Fortschritt ist. Die hier behandelten programmierbaren Taschenrechner haben darüber hinaus gegenüber großen Rechenanlagen noch weiter den Vorteil, daß der Benutzer genau verfolgen kann, *was er macht*. Er weiß genau, welche Größe in welchem Speicher abgelegt wird und kann durch *einen Blick* in Speicher und Programm alles genau verfolgen. Die Auseinandersetzung mit diesen Einzelheiten, die bei großen Anlagen in vergleichbarer Form nur in der *Maschinensprache* wieder auftaucht, ist eine wichtige Erfahrung auch für alle diejenigen, die später auf großen Anlagen auf sehr viel höherer Ebene mit hochorganisierten Programmiersprachen arbeiten, wobei die Einzelheiten im Rechner für den Benutzer vollständig „verschwinden".

Die Freude an der Auseinandersetzung mit dem Detail ist erfahrungsgemäß bei den Vertretern der numerischen Mathematik, bei Physikern und Ingenieuren besonders deutlich ausgeprägt. Das ist sicher auch der Hauptinteressentenkreis für die vorliegende Buchreihe. Die Anwendungsbeispiele in diesem Band sind daher auch vorwiegend aus den Gebieten der elementaren und der einfacheren höheren Mathematik und verschiedenen Gebieten der Technik gewählt. Das Buch wendet sich im wesentlichen an Studenten und Absolventen von Fachhochschulen und Technischen Universitäten, an die in der Praxis tätigen Naturwissenschaftler und Ingenieure und an Lehrer und Schüler der Sekundarstufe II.

Der Verfasser wünscht sich, daß möglichst viele Leser durch die Lektüre angeregt werden, selber Programme zu entwickeln und nicht so sehr Ausschau zu halten nach käuflichen oder anderweitig greifbaren fertigen Programmen.

Bei der Herstellung des Manuskripts war es für mich eine große Erleichterung, viele Beispiele vom Herausgeber übernehmen zu können, wofür ich auch an dieser Stelle Herrn Dr. Gloistehn nochmals herzlich danken möchte. Ich danke weiter Herrn H. J. Jung, Böblingen, für eine gründliche Durchsicht der ersten Auflage, den Mitarbeitern der Fa. Hewlett-Packard für die freundliche Bereitstellung von Rechnern und den Mitarbeitern im Verlag Vieweg für gute Zusammenarbeit bei der Herstellung des Buches.

Paul Thießen

Hamburg

Literaturverzeichnis

[1] *H. Schumny:* Taschenrechner Handbuch, Vieweg 1977

[2] *H. H. Gloistehn:* Programmieren von Taschenrechnern Bd. 3, Vieweg 1978

[3] *R. Zurmühl:* Praktische Mathematik, 5. Aufl. S. 241, Springer 1965

[4] *Bosch:* Kraftfahrtechnisches Taschenbuch, 18. Aufl., S. 221, Selbstverlag

[5] *Bosch:* dto S. 144

[6] Autozeitschrift mot 22/78

[7] *Gerhard Wunsch:* Systemanalyse Bd. I, S. 87, Hüthig-Verlag 1967

[8] *Brauch / Dreyer / Haacke:* Mathematik für Ingenieure Bd. 2, S. 159, 3. Aufl., Teubner 1971

Literatur zu Abschnitt D.4.5

Hoyer / Schnell: Differentialgleichungen der Elektrotechnik, Vieweg 1978

Inhaltsverzeichnis

A Einleitung 1

B Beschreibung der Arbeitsweise 3

  B.1 Manuelles Rechnen 3
    B.1.1 Die vier Grundrechenarten 3
    B.1.2 Termberechnungen 4
    B.1.3 Datenspeicher (Register) 5
    B.1.4 Speicherarithmetik 8
    B.1.5 Organisationstasten 9
        B.1.5.1 Anzeigeformate 9
        B.1.5.2 Doppeltastung mit Funktionstasten 10
    B.1.6 Funktionen 10
        B.1.6.1 Funktionen einer Veränderlichen 10
        B.1.6.2 Funktionen von zwei Veränderlichen 12
    B.1.7 Übungsaufgaben 14

  B.2 Programmaufbau und -herstellung 15
    B.2.1 Ein einfaches Programm entsteht 15
    B.2.2 Starten und Anhalten eines Programms 17
    B.2.3 Überprüfen und Korrigieren eines Programms 18
    B.2.4 Flußdiagramm (Programmablaufplan) 19
    B.2.5 Sprunganweisungen und Marken (Adressen, Labels) 19
    B.2.6 Programmaufruf und -ausführung 21
    B.2.7 Indirekte Adressierung 21
    B.2.8 Benutzeranleitung 22
    B.2.9 Übungsaufgaben 25

  B.3 Verzweigungen (Bedingte Sprunganweisungen) 26
    B.3.1 Einfache Verzweigungen 26
    B.3.2 Formulierung von Bedingungen 27
    B.3.3 Schrittzähler und Schleifen 28
    B.3.4 Mehrfachverzweigungen 30
    B.3.5 Übungsaufgaben 35

  B.4 Unterprogramme 37
    B.4.1 Unterprogramme zur Berechnung von Funktionen 37
    B.4.2 Unterprogrammhierarchie 39
    B.4.3 Unterprogramme mit mehreren Ein- und Ausgängen 41
    B.4.4 Übungsaufgaben 47

  B.5 Speichermedien und Druckerausgabe 48
    B.5.1 Elektronische Speicherung 48
    B.5.2 Magnetstreifen 48
    B.5.3 Drucker: Programme, Daten, Trace 49

  B.6 Besonderheiten der einzelnen Rechnertypen 50
    B.6.1 Eigenschaften und Möglichkeiten 50
    B.6.2 Abkürzungen für Befehle 51

C Programmbeispiele aus der Mathematik ... 53

C.1 Zahlen ... 53
- C.1.1 Pythagoreische Zahlentripel ... 53
- C.1.2 Größter gemeinsamer Teiler ... 56
- C.1.3 Strichliste (Octal- und Binärzahlen) ... 57
- C.1.4 Schultest (Klassenarbeit mit Auswahlantworten) ... 59

C.2 Berechnung ebener Dreiecke ... 62
- C.2.1 Cosinussatz ... 62
- C.2.2 Sinussatz ... 63

C.3 Berechnung und Interpolation von Funktionswerten ... 64
- C.3.1 Polynom (Horner-Schema) ... 64
- C.3.2 Interpolation ... 66
  - C.3.2.1 Lineare Interpolation ... 66
  - C.3.2.2 Quadratische Interpolation ... 67
  - C.3.2.3 Interpolation 4. Ordnung ... 68
- C.3.3 Bestimmung von Nullstellen ... 71
  - C.3.3.1 Iteration ... 71
  - C.3.3.2 Interpolation ... 71
- C.3.4 Bestimmung von Extremwerten ... 74

C.4 Ausgleichsgerade ... 77

C.5 Numerische Integration ... 79

C.6 Differentialgleichungen ... 83

D Beispiele aus der Technik ... 88

D.1 Mechanik und Dynamik ... 88
- D.1.1 Kräfte in der Ebene an einem Punkt ... 88
- D.1.2 Maximales Biegemoment ... 90
- D.1.3 Aufstieg einer Rakete ... 93
- D.1.4 Anfahrvorgang beim Kraftfahrzeug ... 96

D.2 Regelungstechnik ... 103
- D.2.1 Bode-Diagramm ... 103
- D.2.2 Zweipunktregler mit Strecke 3. Ordnung ... 107

D.3 Vermessungstechnik ... 112
- D.3.1 Streckenzug ... 112
- D.3.2 Rückwärtseinschnitt ... 114

D.4 Elektrotechnik ... 117
- D.4.1 Komplexe Rechnung ... 117
- D.4.2 Ortskurve ... 123
- D.4.3 Resonanzkreis ... 125
- D.4.4 Spannungsfall auf einer Leitung ... 127
- D.4.5 Schaltvorgang ... 132
- D.4.6 Harmonische Analyse ... 137

Anhang (Lösung der Übungsaufgaben) ... 142

Sachwortverzeichnis ... 152

Literaturverzeichnis ... VI

A Einleitung

Bei der Entscheidung darüber, welcher Taschenrechner für einen bestimmten Aufgabenkomplex am besten geeignet ist, wird oft das Argument genannt, daß demjenigen System der Vorzug zu geben sei, dessen Programmschreibweise sich am wenigsten von der üblichen Schreibweise in der Mathematik unterscheidet. Ein solches Kriterium gibt bei sehr einfachen Aufgaben einen scheinbaren Vorteil zugunsten des Algebraischen Operationssystems (AOS). Sowie die Problemstellungen etwas schwieriger werden, ist dieser Vorteil nicht mehr erkennbar. Er scheint sich z.T. sogar in das Gegenteil zu verwandeln. Über Operationssysteme siehe z.B. [1].

Die in diesem Buch beschriebenen vier HP-Rechner verwenden alle die Umgekehrte Polnische Notation (UPN), welche zwar den Leser und Benutzer zwingt, von Anfang an „mitzudenken", bei schwierigeren wissenschaftlichen und technischen Aufgaben aber eine Transparenz und Klarheit der Rechnung erzwingt, die die Arbeit in vielen Fällen erheblich erleichtert. Es ist daher kein Zufall, daß diese Rechner bevorzugt im technisch-wissenschaftlichen Bereich benutzt werden.

Um die einzelnen Teile des Buches verstehen zu können, ist es notwendig, für diejenigen Leser, denen die UPN nicht geläufig ist, dieses Operationsverfahren kurz zu erläutern und weiter die Handhabung bei den HP-Rechnern zu erklären:

Der Rechner arbeitet mit vier Speichern, die mit den Buchstaben X, Y, Z und T gekennzeichnet werden. Die Zahlen, die in den einzelnen Speichern stehen, werden durch die zugehörigen kleinen Buchstaben x, y, z, t bezeichnet. Optisch sichtbar ist die Zahl x im Speicher X. Sie kann durch einen Schiebebefehl (enter, Kurzzeichen ↑) in den Speicher Y und bei Bedarf noch weiter nach Z und T verschoben werden. Mathematische Operationen, an denen zwei Veränderliche beteiligt sind, werden in der Regel immer zwischen den Größen x und y ausgeführt. Soll z.B. eine einfache Addition der Zahlen 3 und 4 ausgeführt werden, dann wird zunächst die Zahl 3 über das Tastenfeld eingegeben, und sie erscheint auf dem X-Speicher (meistens als X-Register bezeichnet). Durch einen Schiebebefehl (ENT) wird die 3 in das Y-Register angehoben. Sie steht nun sowohl im X- als auch im Y-Register. Über das Tastenfeld wird nun die 4 eingegeben, welche die 3 im X-Register verdrängt. Jetzt erst wird der Operationsbefehl $\boxed{+}$ gegeben. Er führt dazu, daß die Summe x + y gebildet und im Register X angezeigt wird. Vor der Ausführung der Operation war also y = 3, x = 4, nachher y = 0, x = 7.

Das Wesentliche der UPN ist, daß das Ergebnis der Operation als neuer x-Wert erscheint und daß der Y-Speicher sofort wieder freigegeben wird. Bei einer darauf folgenden weiteren Operation braucht dieser Wert nicht mehr „eingegeben" zu werden. Tasten wir als nächstes eine Zahl 5 ein und drücken dann die Taste $\boxed{+}$, dann wird zunächst die 7 angehoben, und als Ergebnis erscheint nun x = 12, y = 0. Beide Operanden sind verloren. Der letzte x-Wert kann aber durch einen Befehl LASTx wiedergewonnen werden.

Der Speicher Z ist eine sehr nützliche „Merkzelle", die bei umfangreicheren Operationen Zwischenwerte festhält. Als einfachstes Beispiel möge die folgende Befehlsfolge dienen 1; ENT; 2; ENT; 3; +; +. Nachdem die 3 eingetastet war, war x = 3, y = 2, z = 1. Der erste Additionsbefehl bildet die Summe x + y = 5 und zeigt das Ergebnis in X an. Gleichzeitig rückt z nach Y. Es ist dann z = 0, y = 1, x = 5. Das nächste Additionszeichen bildet dann die Gesamtsumme 6.

Ähnlich wie der Speicher Z wirkt auch T als zusätzliche Merkzelle. Die Zelle T hat aber eine weitere Besonderheit, die in vielen Fällen nützlich angewendet werden kann: Die Zelle T dient als „Zahlenquelle". Das soll an einem ganz einfachen Beispiel gezeigt werden. Durch dreimaliges Anheben schieben wir einen Zinsfaktor $q = 1 + p/100 = 1.05$ in die Zelle T. Er steht nun gleichzeitig in allen vier Speicherzellen. Tasten wir jetzt ein Kapital $K = 10\,000$ in das X-Register, dann können wir beliebig oft mit dem Zinsfaktor multiplizieren. Jeder Druck auf die Multiplikationstaste $\boxed{x}$ liefert uns den neuen Kapitalwert mit Zinseszins für das nächste Jahr. (Der Leser möge durch 20maliges Drücken den Preis eines Volkswagens im Jahr 2000 abschätzen, wenn q als jährliche Teuerung aufgefaßt wird.)

Die in diesem Buch beschriebenen Rechnerpaare (29C, 19C und 67, 97) verfügen einerseits über verschieden große Programmspeicher (98 bzw. 224 Programmzeilen) und unterscheiden sich andererseits durch die Art der Programmspeicherung. 29C und 19C speichern das Programm elektronisch intern (auch bei abgeschaltetem Rechner), 67 und 97 bieten die Möglichkeit der Programmspeicherung auf kleinen Magnetstreifen (s. Abschnitt B.5).

Im folgenden Abschnitt B werden alle Aussagen, die für alle vier Rechner in gleicher Weise gelten, nicht besonders gekennzeichnet. Bei den Programmierbeispielen wird – falls erforderlich – der jeweils verwendete Typ angegeben, und auf Abweichungen gegenüber den anderen Typen wird in Einzelfällen hingewiesen.

Im Text wurde durchgehend als Trennzeichen zwischen ganzzahligem und gebrochenem Teil einer Dezimalzahl der Punkt verwendet (wie in der Computertechnik üblich, aber im Gegensatz zur bisher im deutschen Schrifttum üblichen Praxis).

B Beschreibung der Arbeitsweise

B.1 Manuelles Rechnen

Die Vorstufe zum Programmieren ist das sichere manuelle Rechnen. An einer Reihe von Beispielen soll daher die Handhabung gezeigt werden. Diese Kenntnisse sind notwendig, um Programme erstellen und korrigieren zu können.

B.1.1 Die vier Grundrechenarten

Die Handhabung ist an einem einfachen kombinierten Beispiel leicht erkennbar

Eingabe / Taste	Anzeige X	Y	Z
3	3.	0	0
↑	3.00	3.00	0
4	4.	3.00	0
+	7.00	0	0
6	6.00	7.00	0
×	42.00	0	0
30	30.	42.00	0
−	12.00	0	0
2.5	2.50	12.00	0
:	4.80	0	0
↑	4.80	4.80	0
↑	4.80	4.80	4.80
×	23.04	4.80	0
×	110.59$_2$	0	0

Die Inhalte der nicht sichtbaren Speicher Y, Z, T können durch einfache „Roll"-befehle sichtbar gemacht werden. Man kann sich die vier Speicher auf einer elektronischen „Walze" vorstellen, die durch den Rollbefehl jeweils um 90 Grad gedreht wird. Der Rollbefehl (Roll down, R↓) wird abgekürzt durch ein R mit einem nach unten zeigenden Pfeil. In den Speichern X, Y, Z und T mögen die Zahlen 1, 2, 3 und 4 gespeichert sein.

Die folgende Tabelle zeigt, welchen Einfluß das „Rollen" hat:

Eingabe / Taste	X 1	Y 2	Z 3	T 4
R↓	2	3	4	1
R↓	3	4	1	2
R↓	4	1	2	3
R↓	1	2	3	4

Viermaliges Rollen ergibt also eine völlige Umdrehung und damit wieder den alten Zustand. Für die Kontrolle beim Rechnen und beim Testen ist das eine ganz wesentliche Erleichterung. Der Befehl R↑ (roll up; RUP) „dreht" die „Walze" in entgegengesetzter Richtung.

B.1.2 Termberechnungen

Die folgenden Aufgaben sollen für den weniger Geübten als Erläuterung dessen dienen, was im Abschnitt A schon beschrieben wurde. Bei manchen Aufgaben führen verschiedene Wege zum Ziel. Der Leser möge sich selber hier die nötige Erfahrung durch Üben verschaffen, weil diese Erfahrung für gutes Programmieren unabdingbar ist.

Aufgabe	Tastenfolge	Ergebnis
$3.4 + 2 \cdot 1.82$	3.4 ↑ 2 ↑ 1.82 × +	7.04
$(3.4 + 2) \cdot 1.82$	3.4 ↑ 2 + 1.82 ×	9.828
$\dfrac{6.5 + 3 \cdot 1.4^2}{2.6}$	1.4 x^2 3 × 6.5 + 2.6 ÷	4.761538462
$\dfrac{24.8}{4 \cdot 5.2^2 - \dfrac{1}{0.074}}$	5.2 x^2 4 × .074 1/x − 1/x 24.8 ×	.2620276877
$\dfrac{468 - 305}{2 \cdot (104 + 217)}$	468 ↑ 305 − 2 ÷ 104 ↑ 217 + ÷	.253894081
$0.65 + \dfrac{\dfrac{0.86}{\sqrt{1.47 - 0.92}}}{0.0584}$	1.47 ↑ .92 − √x 1/x .86 × .65 + .0584 ÷	30.98670828
$\dfrac{43.7 - \dfrac{123.8}{8.04 + 2 \cdot 6.13}}{\left(18.3 + \dfrac{40.7}{3.6}\right)^2}$	40.7 ↑ 3.6 ÷ 18.3 + x^2 1/x 6.13 ↑ 2 × 8.04 + 1/x 123.8 × CHS 43.7 + ×	0.0429001177
$\dfrac{2}{1 + \dfrac{3}{4 - \dfrac{6}{5 + \dfrac{7}{8}}}}$	7 ↑ 8 ÷ 5 + 1/x 6 × CHS 4 + 1/x 3 × 1 + 1/x 2 ×	0.9964412811
$\dfrac{314.6 \cdot 10^{14} - 2.47 \cdot 10^{16}}{0.745 \cdot 10^8 \cdot 1.602 \cdot 10^{-5}}$	314.6 EEX 14 ↑ 2.47 EEX 16 − .745 EEX 8 ÷ 1.602 EEX CHS 5 ÷	$5.6640609 \cdot 10^{12}$
$\left(\dfrac{5800347}{0.000156} + 672 \cdot 10^8\right) \cdot \dfrac{0.0706}{981050}$	5800347 ↑ .000156 ÷ 672 EEX 8 + .0706 × 981050 ÷	7511.695461

B.1.3 Datenspeicher (Register)

Bei der Berechnung der Zahl

$$z = 4 \cdot \left(0.5 + \frac{3 \cdot \pi}{4}\right) + \frac{3}{5 + \frac{1}{2} \cdot \left(0.5 + \frac{3 \cdot \pi}{4}\right)} - 2 \cdot \left(0.5 + \frac{3 \cdot \pi}{4}\right)^2 + \frac{7}{0.5 + \frac{3 \cdot \pi}{4}}$$

ist zu beachten, daß der Term $0.5 + 3 \cdot \pi/4$ an vier verschiedenen Stellen der Gleichung steht. Es erscheint daher sinnvoll, die Berechnung in zwei wesentlich einfachere Teilrechnungen aufzuteilen

1. $y = 0.5 + \frac{3 \cdot \pi}{4}$; 2. $z = 4 \cdot y + \frac{3}{5 + y/2} - 2 \cdot y^2 + \frac{7}{y}$.

Den Zahlenwert y können wir im Rechner in einem seiner Datenspeicher aufbewahren und von dort jederzeit zur Weiterverarbeitung wieder in das X-Register zurückholen.

Die Zahl der verfügbaren Datenspeicher ist bei den verschiedenen Rechnertypen verschieden (19C, 29C : 30; 67, 97 : 26). Ein Speicher (Register) soll allgemein abgekürzt mit Sp. bezeichnet werden. Die am häufigsten benutzten Speicher haben bei allen vier behandelten Typen die ,,Namen'' 0, 1, 2, ..., 9. In den meisten Fällen genügt zur Kennzeichnung des Speichers einfach seine Nummer (sein ,,Name''). Bei den Typen 67 und 97 treten als Speichernamen auch noch die Buchstaben A bis E auf. Der Inhalt eines Speichers wird durch Einklammern ausgedrückt. Es gilt also

Zahl in Sp. n $\equiv$ (Sp. n) $\equiv$ (n) .

Die beiden wichtigsten Grundbefehle für das Arbeiten mit den Speichern sind

$\boxed{\text{STO}}$ n   und $\boxed{\text{RCL}}$ n .

STO steht für store = speichern und RCL für recall = zurückrufen. Die Wirkung entspricht nicht dem üblichen Sprachgebrauch. Wenn man unvorbelastet wäre, würde man annehmen, daß der Wert an der einen Stelle fortgenommen und an der anderen Stelle wieder abgelegt würde. Das ist aber nicht der Fall. Die Bedeutung ist hier, daß von dem Zahlenwert in dem einen Speicher eine ,,Kopie'' angefertigt und diese in dem anderen Speicher abgelegt wird. Bei einem reellen Gegenstand wäre das schwierig, bei einer Information ist das leicht zu machen.

Als Beispiel nehmen wir an, daß eine Zahl z_1 im Speicher X (im X-Register) steht. Mit der soeben verabredeten Schreibweise können wir schreiben

$z_1 = (\text{Sp. X}) = (X)$,

wobei die erste Schreibweise im Zusammenhang mit den Speichern X, Y, Z, T nicht üblich ist und hier auch nicht verwendet wird. Im Abschnitt B.1.1 wurde schon vereinbart, daß der Inhalt des Speichers X erstens durch Umklammern des Buchstaben X oder zweitens einfach durch den Kleinbuchstaben x ausgedrückt werden soll. Damit wäre also

$z_1 = (X) = x$.

Ausgehend von diesem Zustand soll nun der Befehl STO 4 gegeben werden. Nach Ausführung dieses Befehls ist einerseits unverändert $(X) = x = z_1$. Der Transport der Kopie hat aber zur Folge, daß nun auch $(\text{Sp. 4}) = (4) = z_1$ der Inhalt des Speichers 4 den Wert von z_1 angenommen hat.

Dieser Sachverhalt (Transport und Ablegen einer Kopie) wird symbolisch stark vereinfacht oft so dargestellt [2]

$(X) \rightarrow n$.

Da der Pfeil in der Mathematik teils als Zuordnungszeichen betrachtet wird, teils auch, um anzudeuten, daß eine Größe einem Grenz- oder Konvergenzwert zustrebt, ist die Eindeutigkeit nicht immer gesichert. Wenn Irrtümer nicht sicher auszuschließen sind, wird in diesem Buch (vorwiegend bei Benutzeranleitungen) die Tatsache, daß eine Größe in einem *Speicher* mit dem Namen n abgelegt wird, durch die Umklammerung zum Ausdruck gebracht

$z_1 \to (n)$.

Die Wirkung des Befehls $\boxed{\text{STO}}$ n ist also in verkürzter Schreibweise (X) → n, die Wirkung des Befehls $\boxed{\text{RCL}}$ n dem entsprechend

(n) → X .

Eine tabellarische Übersicht gibt einen guten Überblick:

Zustand vorher	Veränderung	Zustand nachher
(X) = x = z_1 (n) = 0	$\boxed{\text{STO}}$ n (X) → n	(X) = x = z_1 (n) = z_1
(X) = x = 0 (n) = z_2	$\boxed{\text{RCL}}$ n (n) → X	(X) = x = z_2 (n) = z_2

Um alle Speicher zu löschen, wird der Befehl CL.REG benutzt. Soll nur ein einzelner Speicher gelöscht werden, so geschieht das durch Einspeichern des Wertes 0. Für einzelne Speichergruppen gelten Sonderregelungen, die hier nicht näher erläutert werden sollen.

Wir wenden uns mit diesen Kenntnissen wieder dem obigen Beispiel zu. Die Tastenfolge ist jetzt

1. $\boxed{\pi}$ 3 $\boxed{\times}$ 4 $\boxed{:}$ .5 $\boxed{+}$ $\boxed{\text{STO}}$ 1. Der Wert für y (hier 2.8562), der nicht abgelesen zu werden braucht, steht nun im Speicher 1 zur Verfügung.
2. (Man beginnt zweckmäßigerweise mit dem schwierigsten, hier also dem 2. Term für z.)

$\boxed{\text{RCL}}$ 1 ; 2 $\boxed{:}$ 5 $\boxed{+}$ $\boxed{1/x}$ 3 $\boxed{\times}$

$\boxed{\text{RCL}}$ 1 ; 4 $\boxed{\times}$ $\boxed{+}$

$\boxed{\text{RCL}}$ 1 $\boxed{x^2}$ 2 $\boxed{\times}$ $\boxed{-}$ (In der ersten Zeile darf $\boxed{\text{RCL}}$ 1 fehlen.)

7 $\boxed{\text{RCL}}$ 1 $\boxed{:}$ $\boxed{+}$

Als Ergebnis erscheint z = – 1.973401396.

Beispiel: Für einen geraden Kreiszylinder mit dem Durchmesser d und der Höhe h soll berechnet werden

1. die Mantelfläche $A_M = \pi \cdot d \cdot h$,
2. die Oberfläche $A = A_M + \pi/2 \cdot d^2$,
3. das Volumen $V = \pi/4 \cdot d^2 \cdot h = A_M \cdot d/4$.

Eingangswerte und Ergebnisse sollen in Speicherzellen festgehalten werden, so daß sie nachher jederzeit griffbereit sind. Die Ergebnisse sollen auf drei Ziffern hinter dem Komma angezeigt werden.

Zunächst wird in einem kleinen Speicherplan festgelegt, welche Größen an welchem Platz zu finden sind.

d → (1)   Es sei z.B. d = 24.3 cm und h = 18.6 cm. Mit den Befehlen 24.3 |STO| 1;
h → (2)   18.6 |STO| 2; ist die Dateneingabe beendet. Die Berechnung der drei ge-
A_M → (3)   forderten Größen sieht dann so aus:
A → (4)
V → (5)

Lfd. Nr.	Eingabe / Taste	Anzeige / Register (X)	Register (Y)	Bemerkung
1	π	3.142		
2	RCL 1	24.300	3.142	
3	x	76.341	0	
4	RCL 2	18.600	76.341	
5	x	1419.937	0	
6	STO 3	1419.937	0	(3) = 1419.937 = A_M
7	RCL 1	24.300	1419.937	
8	x^2	590.490	1419.937	
9	π	3.142	590.490	
10	x	1855.079	1419.937	
11	2	2.	1855.079	
12	:	927.540	1419.937	
13	+	2347.477	0	
14	STO 4	2347.477	0	(4) = 2347.477 = A
15	RCL 3	1419.937	2347.477	
16	RCL 1	24.300	1419.937	
17	x	34504.470	2347.477	
18	4	4.	34504.470	
19	:	8626.118	2347.477	
20	STO 5	8626.118	2347.477	(5) = 8626.118 = V

Um die Ergebnisse anzuzeigen, drückt man |DSP| 3; |RCL| 3; |RCL| 4; |RCL| 5; und erhält nacheinander die Ergebnisse

A_M = 1419.937 cm^2,
A = 2347.477 cm^2,
V = 8626.118 cm^3.

Wird jetzt eins der Ergebnisse auf vier Stellen hinter dem Komma verlangt, dann tastet man |DSP| 4; |RCL| 4; usw.

A = 2347.4766 cm^2.

Beispiel: Es soll die Quadratwurzel $x = \sqrt{a}$ (ohne Benutzung der Taste $\sqrt{x}$) berechnet werden. Ist x1 ein erster Näherungswert für x, dann berechnen wir den zweiten Näherungswert nach der Vorschrift

$$x2 = \frac{3 \cdot a + x1^2}{3 \cdot x1 + a/x1}.$$

Den errechneten Wert x2 machen wir zum neuen Ausgangswert für eine weitere Rechnung usw. Rechenmethoden dieser Art, die in der numerischen Mathematik häufig benutzt werden, nennt man Iterationsmethoden oder Iterationsverfahren. Die Folge x1, x2, x3, ... die man nach der obigen Vorschrift erhält, konvergiert gegen den Grenzwert $x = \sqrt{a}$.

Wir führen die Rechnung durch für a = 6.5 mit x1 = 2 und iterieren so oft, bis die gewünschte Genauigkeit erreicht ist.

Speicherplan: a → (1) = 6.5
x → (2) = 2; usw.

Nachdem a und x1 eingespeichert wurden, benutzen wir die Tastenfolge

[RCL] 1 [RCL] 2 [:] 3 [RCL] 2 [x] [+] [1/x]
3 [RCL] 1 [x] [RCL] 2 [x²] [+] [x] [STO] 2

Durch wiederholte Anwendung dieser Rechenvorschrift erhalten wir die Folge 2; 2.540540...; 2.549509729; 2.549509757.

B.1.4 Speicherarithmetik

Es wurde weiter oben gesagt, daß mathematische Operationen in der Regel zwischen den Werten x im X-Register und y im Y-Register des Rechners vorgenommen werden. Beim heutigen Stand der Rechnertechnik gibt es hierzu aber wichtige Erweiterungen, die, wie weiter unten gezeigt wird, zu wesentlichen Verkürzungen der Programme führen können.

Es ist möglich, mathematische Operationen zwischen dem x-Wert im X-Register und dem Inhalt (Sp. n) des Speichers n direkt durchzuführen. Die Wirkung der vier erweiterten Einspeicherbefehle ist die folgende:

[STO] [+] n: (Sp. n) + x → Sp. n   [STO] [x] n: (Sp. n) × x → Sp. n
[STO] [−] n: (Sp. n) − x → Sp. n   [STO] [:] n: (Sp. n) : x → Sp. n

Der Wert im X-Register bleibt immer erhalten. Mit diesen Befehlen ist es möglich, Summen und Produkte direkt in den Speichern zu bilden. Ein kleines Beispiel möge die Anwendung erläutern.

Beispiel: Von den natürlichen Zahlen von 1 bis 6 sollen 1. die Summe, 2. die Summe der Quadrate und 3. die Summe der dritten Potenzen gebildet werden. Zwischensummen und Ergebnisse werden in den Speichern 1, 2 und 3 gebildet. Vorher werden mit CL.REG die Speicher von möglichen vorherigen Werten gelöscht. Die mit wachsendem Anfangswert 5mal zu wiederholende Befehlsfolge heißt:

1 [STO] [+] 1 [ENT] [x²] [STO] [+] 2 [x] [STO] [+] 3
2 [STO] [+] 1 usw.

Nach Ausführung der sechsten Zeile finden wir die Ergebnisse $\boxed{\text{RCL}}$ 1 : 21; $\boxed{\text{RCL}}$ 2 : 91; $\boxed{\text{RCL}}$ 3 : 441. Wir werden später sehen, daß gerade eine solche Aufgabe sich sehr gut für die automatische Bearbeitung mit einem Programm eignet.

B.1.5 Organisationstasten

B.1.5.1 Anzeigeformate

Die Form der Zahlenausgabe im Anzeigeregister X (und evtl. auf dem Drucker) kann vom Benutzer in weiten Grenzen variiert werden. Die am meisten gebräuchliche ist die Festkommadarstellung FIX, bei der die Zahl der Stellen hinter dem Komma frei gewählt werden kann. Beim Einschalten des Rechners wird FIX 2 [1]) automatisch eingestellt. Der Anzeigewert wird dabei gerundet, während der Rechner intern immer mit der vollen Genauigkeit weiterarbeitet. Durch Drücken der beiden Tasten $\boxed{\text{FIX}}$ 4 wird der Rechner veranlaßt, nun bis auf weiteres alle Werte mit vier Ziffern hinter dem Komma anzuzeigen (bei 67 und 97 muß $\boxed{\text{DSP}}$ 4 gedrückt werden).

In manchen wissenschaftlichen Bereichen kommen Zahlen in einem sehr weiten Bereich verschiedener Zehnerpotenzen vor. Möchte man trotzdem immer etwa die gleiche relative Genauigkeit der Anzeige haben, dann wählt man das Format $\boxed{\text{SCI}}$ z, wobei z wieder die Zahl der Ziffern hinter dem Komma bedeutet. Gleichzeitig wird dann aber die Zehnerpotenz angegeben. Eine Sonderform dieser zweiten Art ist die im technischen Bereich oft übliche Einteilung in Zehnerpotenzen, die durch 3 teilbar sind, also z.B. 10^{-6}, 10^{-3}, 10^6, 10^9 usw. Sie können vom Rechner verlangt werden mit dem Befehl $\boxed{\text{ENG}}$ z. Man beachte, daß bei $\boxed{\text{SCI}}$ und $\boxed{\text{ENG}}$ immer z + 1 gültige Ziffern angezeigt werden, während bei $\boxed{\text{FIX}}$ z die Zahl der gültigen Ziffern in weiten Grenzen schwanken kann.

Ein Beispiel diene zur Veranschaulichung. Wir schalten den Rechner ein und tasten (67, 97):

Eingabe / Taste	Anzeige		
12.34567	12.34567		
$\boxed{\text{FIX}}$ oder $\boxed{\text{DSP}}$ 2	12.35		
$\boxed{\text{DSP}}$ 3	12.346		
$\boxed{x^2}$	152.416		
$\boxed{x^2}$	23230.505		
$\boxed{\text{DSP}}$ 5	23230.50528		
$\boxed{\text{DSP}}$ 0	23231.		
$\boxed{\text{SCI}}$	2.	04	0 + 1 gültige Ziffern
$\boxed{\text{DSP}}$ 5	2.32305	04	5 + 1 gültige Ziffern
$\boxed{\text{ENG}}$	23.2305	03	5 + 1 gültige Ziffern
$\boxed{\text{DSP}}$ 3	23.23	03	3 + 1 gültige Ziffern
10	10.		
$\boxed{x}$	232.3	03	

Man erkennt, daß $\boxed{\text{FIX}}$ die Wirkung von $\boxed{\text{FIX}}$ $\boxed{\text{DSP}}$ 2 hat. Soll die Zahl der Nachkommastellen z geändert werden, dann braucht FIX nicht wiederholt zu werden, sondern nur $\boxed{\text{DSP}}$ z. Der letzte Wert von z wird auch beibehalten, wenn von einem Format auf das andere übergegangen wird.

---

[1]) bei 19C und 29C der zuletzt vor dem Abschalten eingestellte Wert

B.1.5.2 Doppeltastung mit Funktionstasten

Die große Zahl von Funktionen und Befehlen, die mit einem Rechner durchführbar sind, macht eine Mehrfachbelegung der einzelnen Tasten erforderlich. So sind z.b. die meisten Tasten des HP 97 doppelt belegt. Beim HP 19C und HP 29C ist Dreifachbelegung die Regel und beim HP 67 sogar Vierfachbelegung.

An einem kleinen Beispiel soll das näher erläutert werden. Beim Rechner HP 29C trägt die dritte Taste in der sechsten Tastenzeile die schwarze Ziffer 2. Wird diese Taste gedrückt, dann rückt die 2 in das Anzeigeregister X. Auf der gleichen Taste ist auf der Vorderkante in blau die Funktion „x^2" aufgedruckt. Die blaue Farbe soll daran erinnern, daß zur Ausführung dieses Befehls zunächst die blaue „Funktions"taste $\boxed{g}$ (fünfte Taste in der ersten Tastenzeile) gedrückt werden muß und dann im Anschluß daran die 2; oberhalb der 2 steht in gelbem Druck die Funktion „$\sqrt{x}$". Wird zunächst an der vierten Taste der ersten Zeile die gelbe Taste $\boxed{f}$ gedrückt und anschließend die 2, dann wird aus dem im X-Register stehenden Wert die Wurzel gezogen. Die folgende kleine Tabelle dient zur Veranschaulichung:

Bezeichnung	Eingabe Tastenzeile	Tastenspalte	Funktion	Anzeige
2	6	3	–	2
$\boxed{f}$	1	4	–	
$\boxed{\sqrt{x}}$	6	3	$\sqrt{x}$	1.41
$\boxed{g}$	1	5	–	
$\boxed{x^2}$	6	3	x^2	2.00

Um die Übersichtlichkeit nicht zu gefährden, werden in diesem Buch auch bei der Eingabe von Funktionen, die die Betätigung von zwei Tasten erfordern, nur die Funktionstasten selber angegeben. Die fünf Zeilen der obigen Tabelle würden also als Tastenfolge geschrieben 2 $\boxed{\sqrt{x}}$ $\boxed{x^2}$. Die Bezeichnung am Rechner ist so eindeutig, daß hierdurch kaum Irrtümer entstehen dürften.

B.1.6 Funktionen

Die Rechner liefern auf einen einfachen Tastendruck oder die Folge von zwei Tastenbetätigungen eine große Zahl häufig benutzter Funktionen. Wir unterscheiden zwischen Funktionen von einer und von zwei Veränderlichen.

B.1.6.1 Funktionen einer Veränderlichen

Logarithmen auf der Basis e und 10 und die zugehörigen Potenzen können ebenso gebildet werden wie die trigonometrischen Funktionen und ihre Umkehrfunktionen. Dabei verdrängt die Funktion das Argument im X-Register. Bei den trigonometrischen Funktionen muß beachtet werden, daß als Argument wahlweise das Bogenmaß (RAD), Altgrad (DEG) und Neugrad (Gon) (GRD) benutzt werden können. Die Wahl des Winkelmaßes wirkt als Organisationstaste, deren Wirkung erst aufgehoben wird, wenn eine andere der drei Tasten gedrückt oder der Rechner abgeschaltet wird. Beim Einschalten gilt Altgrad als vereinbart. Ein kleines Beispiel diene zur Erläuterung:

Taste / Eingabe	Anzeigewert	
ON	0.00	
30	30.	
SIN	0.50	
RAD	0.50	x als Bogenmaß aufgefaßt
SIN	0.48	
FIX 4	0.4794	
SIN⁻¹	0.5000	Umkehrfunktion
DEG	0.5000	Voranmeldung für Altgradrechnung
SIN⁻¹	30.0000	Winkelangabe in Grad

Es muß beachtet werden, daß die Umschaltung von DEG auf RAD oder umgekehrt nicht den Wert im X-Register verändert. Sie darf also nicht verwechselt werden mit einer Umrechnungsfunktion, wie sie z.B. bei den Typen 67, 97 vorhanden ist mit den Bezeichnungen $D \rightarrow R$, $R \rightarrow D$.

Beispiel:
Der Ausdruck $4 \cdot \arcsin \dfrac{\sqrt{1 + 0.25^2}}{2} - \arctan(5/12)$ soll berechnet und sowohl im Gradmaß auf zwei Stellen hinter dem Komma als auch im Bogenmaß auf vier Stellen hinter dem Komma angezeigt werden:

Taste / Eingabe	Anzeige X	Anzeige Y	Anzeige Z	Bemerkung
ON	0.00			
RAD	0.00			
.25	.25			
x^2	0.06			
1	1.	0.06		
+	1.06	0		
$\sqrt{x}$	1.03	0		
2	2.	1.03		
:	0.52	0		
SIN⁻¹	0.54	0		
4	4.	0.54		
x	2.17	0		
12	12.	2.17		
1/x	0.08	2.17		
5	5.	0.08	2.17	
x	0.42	2.17		
TAN⁻¹	0.39	2.17		
−	1.77			
FIX 4	1.7711			1. Erg.: 1.7711 rad
$R \rightarrow D$	101.4738			nur bei 67, 97, sonst × 180/π
FIX 2	101.47			2. Erg.: 101.47°

B.1.6.2 Funktionen von zwei Veränderlichen

Für viele Rechnungen ist die Potenzbildung mit beliebigem Exponenten bei positivem Argument durch einen einfachen Tastendruck eine wesentliche Erleichterung. Der Rechner bildet die Funktion y^x. Soll z.b. die dritte Wurzel aus 100 gezogen werden, dann geschieht das mit der folgenden Tastenfolge: 100; $\boxed{\text{ENT}}$ 3; $\boxed{1/x}$ $\boxed{y^x}$. Das Ergebnis ist $\sqrt[3]{100} = 4.6416$.

Eine weitere sehr wichtige Funktion von zwei Veränderlichen ist die Koordinatentransformation von rechtwinkligen in Polarkoordinaten und umgekehrt (Komponentenzerlegung und -zusammenfassung)

$$z; \varphi \leftrightarrow x; y.$$

Die Befehle heißen → R (to rectangular) für die Zerlegung und → P (to polar) für die Zusammensetzung der Komponenten. Da beim Schreiben der Programme das Zeichnen von Pfeilen mit der Schreibmaschine nicht möglich und mit der Hand lästig ist, wird vom Verfasser empfohlen, als gleichberechtigte Kurzbezeichnungen TOR und TOP zu verwenden.

Beispiel:

Taste / Eingabe	Anzeige X	Anzeige Y	Bemerkung
$\boxed{\text{ON}}$	0.00		
60	60.		φ = 60 Grad
$\boxed{\text{ENT}}$	60.00	60.00	
52	52.	60.00	z = 52
$\boxed{\rightarrow R}$ (TOR)	26.00	45.03	$x = z \cdot \cos \varphi = 26$
$\boxed{x \leftrightarrow y}$ (CHXY)	45.03	26.00	$y = z \cdot \sin \varphi = 45.03$

Bemerkung: Mit Rücksicht auf einfacheres Schreiben wird hier vorgeschlagen, für das Auswechseln der Inhalte der Speicher X und Y die Kurzbezeichnung CHXY (change x and y) zu verwenden statt der Tastenbezeichnung $\boxed{x \leftrightarrow y}$.

Eine dritte Funktion von zwei Veränderlichen x und y nimmt eine Sonderstellung ein. Bei Betätigung des Summenzeichens $\boxed{\Sigma^+}$ werden verschiedene Operationen ausgeführt. Es werden nämlich bei wiederholter Eingabe von Wertepaaren in verschiedenen Speichern die einzelnen Werte von x, x^2, y, y^2 und $x \cdot y$ aufsummiert. Außerdem wird die Zahl n der Wertepaare angegeben. Diese Werte sind für statistische Untersuchungen von großer Bedeutung. Sie können aber z.T. auch in anderen Zusammenhängen nützlich sein, wie das nächste Beispiel zeigt.

Beispiel: Es soll die geometrische Summe $\underline{Z}$ der beiden komplexen Zahlen $\underline{Z}_1 = 40 \cdot e^{j35°}$ und $\underline{Z}_2 = 60 \cdot e^{j110°}$ gebildet werden. Die komplexen Zahlen sind in der geometrischen Form gegeben. Sie sind also zunächst in die arithmetische Form umzuwandeln, die Komponenten einzeln zu summieren, und dann ist wieder die geometrische Endform zu bilden.

Die zugehörigen Gleichungen lauten

$a_1 = Z_1 \cdot \cos\varphi_1$ $a = a_1 + a_2$
$b_1 = Z_1 \cdot \sin\varphi_1$ $b = b_1 + b_2$
$a_2 = Z_2 \cdot \cos\varphi_2$
$b_2 = Z_2 \cdot \sin\varphi_2$ $Z = \sqrt{a^2 + b^2}$

$\varphi = \arctan b/a$

Das geschieht mit der folgenden Tastenfolge (19C, 29C; die Speicher 11 und 13 müssen im Programm mit .1 und .3 bezeichnet werden):

Zeile	Taste/Eingabe	Anzeige				(11)	(13)
		(X)	(Y)	(Z)	(T)	(.1)	(.3)
0	[ON]	0.00	0	0	0	0	0
1	35	35.					
2	[ENT]	35.00	35				
3	40	40.	35				
4	[→R] (TOR)	32.77	22.94				
5	[Σ⁺]	1.00	22.94			32.77	22.94
6	110	110.00	22.94			32.77	22.94
7	[ENT]	110.00	110	22.94		32.77	22.94
8	60	60.00	110	22.94		32.77	22.94
9	[→R] (TOR)	−20.52	56.38	22.94		32.77	22.94
10	[Σ⁺]	2.00	56.38	22.94		12.24	79.32
11	RCL.3	79.32	56.38	22.94		12.24	79.32
12	RCL.1	12.24	79.32	56.38	22.94	12.24	79.32
13	[→P] (TOP)	80.26	81.22	56.38	22.94	12.24	79.32

Alternative:

11	[RCL] [Σ⁺]	12.24	79.32	22.94		
12	[→P] (TOP)	80.26	81.22	22.94		

Das Ergebnis ist die Größe $\underline{Z}$ mit dem Betrag 80.26 und dem Winkel 81.22° oder in vereinfachter Schreibweise $\underline{Z}$ = 80.26 /81.22°.

Beispiel: Mit Hilfe dieser Doppelbefehle kann z.B. eine Dreiecksberechnung bei gegebenen Seiten a und c und dem eingeschlossenen Winkel β ganz wesentlich vereinfacht werden. Es werden einfach die beiden „Vektoren" c/0° und a/180°−β geometrisch addiert. Das Ergebnis ist b/α in den Speichern X und Y. Tastenfolge: 180; RCL 2; −; RCL A; TOR; RCL C; +; TOP. Dabei ist angenommen, daß β im Speicher 2 steht und a und c in den Speichern A und C. Nach dem letzten Befehl wird b angezeigt und nach Austausch von x und y der Winkel α.

Summenspeicherung und -rückruf

Die Betätigung der Summentaste Σ^+ summiert die Inhalte der Speicher X und Y in den Summenspeichern für x-Werte (.1 bei 19, 29; 14 bei 67, 97) und für y-Werte (.3 bei 19, 29; 16 bei 67, 97). Im Anschluß daran erscheint im X-Register eine Zahl, die angibt, wieviel Wertepaare bzw. Einzelwerte (wenn y nicht ausgenutzt wird) schon gespeichert sind. Dieser „Erinnerungswert" wird bei der nächsten Eintastung eines x-Wertes überschrieben, belastet also nicht den Speicherplatz in der Rechenwalze (stack). Das ist auch aus dem Protokoll des vorletzten Beispiels erkennbar. Wenn nur x-Werte mit der Σ^+-Taste aufsummiert werden, dann werden die Speicher Y, Z und T davon überhaupt nicht berührt.

Es gibt nun noch einen zwar sehr ungewöhnlichen, dafür aber sehr zweckmäßigen Rückrufbefehl RCL Σ^+. Er holt die Werte Σx_i in den Speicher X und Σy_i in den Speicher Y. Die vorher in X und Y vorhandenen Werte werden verdrängt. Die Inhalte von Z und T bleiben unverändert. Diese Tatsache wurde im vorletzten Beispiel als Alternative angegeben und spart dort eine Programmzeile und läßt den Speicher T unberührt. Bei den Rechnern 67, 97 spart man durch diesen Befehl drei Programmzeilen ein, weil die Summenspeicher 14 und 16 nicht direkt erreichbar sind, sondern nur über den Schiebebefehl CHPS.

B.1.7 Übungsaufgaben

Notieren Sie die vollständige Tastenfolge für die jeweilige Aufgabe, bevor Sie mit dem Eintasten in den Rechner beginnen.

B.1.7.1 Berechnen Sie

a) $\dfrac{768 + 3 \cdot \sqrt{1025}}{2 \cdot (7.8 + 5 \cdot 3.1)^2}$

b) $\dfrac{25.8 - 18.7/(1.02 - 0.34)}{(2.1 + 6.8) \cdot \sqrt{0.746 + 0.132}}$

c) $\dfrac{6 \cdot 1.34^{1.72} + 5 \cdot \sqrt[4]{20.63}}{0.65^{(7.21 + 5.43)}}$

d) $\dfrac{4 \cdot \sqrt[5]{2.38} + 1.41^{3.68} + 1}{(4.08^2 \cdot 0.81 + \sqrt{18.3})^2 + 2}$

e) $10^{14.9} \cdot \ln \dfrac{0.41}{8023}$

f) $\dfrac{\ln(1 + \sin 4.68^0)}{\cos\left(1.42 \cdot \ln \dfrac{2}{1.65}\right)}$

g) $\ln(14.2 - 2.5 \cdot 8.4^{1/3}) + 2 \cdot e^{-\sqrt{0.876}}$

h) $\dfrac{1}{2} \cdot \left(\arcsin \dfrac{4}{4.3 + \sqrt{12.6}} + 3 \cdot \arccos e^{-268/308} \right)$.

B.1.7.2 Welchen Zahlenwert zeigt der Rechner am Ende der Tastenfolgen a), b) und c)? Überprüfen Sie das von Ihnen vorausgesagte Ergebnis mit dem Rechner.

a) 7 $\boxed{x^2}$ 24 $\boxed{x^2}$ $\boxed{+}$ $\boxed{\sqrt{x}}$ 2 $\boxed{\times}$ 3 $\boxed{x^2}$ 4 $\boxed{x^2}$ $\boxed{+}$ $\boxed{\sqrt{x}}$ $\boxed{\div}$.

b) 20 $\boxed{x^2}$ 16 $\boxed{x^2}$ $\boxed{-}$ 5 $\boxed{x^2}$ $\boxed{+}$ $\boxed{\sqrt{x}}$.

c) 3 $\boxed{x^2}$ 4 $\boxed{1/x}$ 5 $\boxed{1/x}$ 6 $\boxed{x^2}$ $\boxed{x \leftrightarrow y}$ $\boxed{\div}$ $\boxed{x \leftrightarrow y}$ $\boxed{\times}$ $\boxed{x \leftrightarrow y}$ $\boxed{\div}$ 4 $\boxed{+}$ $\boxed{\div}$.

B.1.7.3 Berechnen Sie für $z1 = 8$, $z2 = 4$, $z3 = 2$
$s1 = z1 - z2 + z3$; $s2 = z1^2 + z2^2 + z3^2$; $p = z1^2 \cdot z2^2 \cdot z3^2$; $q = (z1/z2)/z3$;
$r = s1 \cdot s2 \cdot q \cdot \sqrt[6]{p}$.

Tasten Sie bei dieser Aufgabe jeden der z-Werte nur einmal ein.

B.1.7.4 Berechnen Sie für einen geraden Kreiskegel mit dem Durchmesser $d = 18.4$ dm und der Höhe $h = 12.3$ dm

die Mantelfläche $\quad A_M = \dfrac{\pi}{2} \cdot d \cdot s = \dfrac{\pi}{2} \cdot d \cdot \sqrt{\left(\dfrac{d}{2}\right)^2 + h^2}$;

die Oberfläche $\quad A = \dfrac{\pi}{4} \cdot d^2 + A_M$;

das Volumen $\quad V = \dfrac{\pi}{12} \cdot d^2 \cdot h$.

Geben Sie A_M und A in dm^2 und V in dm^3 auf drei Nachkommastellen an.

B.2 Programmaufbau und -herstellung

Ein Programm ist die elektronisch gespeicherte Rechenvorschrift (der Algorithmus), die nach einmaliger Eingabe (Eintasten, Einlesen über Magnetstreifen) immer wieder benutzt werden kann. Die Herstellung eines Programms ist in vieler Hinsicht identisch mit der manuellen Ausführung einer Rechnung.

Neu ist, daß jeder Tastendruck codiert und elektronisch gespeichert wird. Als Code hat sich allgemein die Angabe einer zweiziffrigen Zahl eingebürgert, wobei die erste Ziffer die Zeilennummer und die zweite Ziffer die Platznummer der jeweiligen Taste innerhalb dieser Zeile angibt. Das Programm besteht aus einer großen Zahl von Programmzeilen (Abkürzung PZ), die mit der Nummer 1 beginnend fortlaufend numeriert sind. Jede Programmzeile nimmt (einfache oder kombinierte) Befehle oder Ziffern auf, die im Bedarfsfall durch eine Code-Zahl ergänzt werden können, was für die Programmkontrolle und -änderung nützlich ist.

Um das Programm als Einheit deutlich zu kennzeichnen, bekommt es einen „Namen" (Label: $\boxed{\text{LBL}}$), der aus einer der Ziffern von 0 bis 9 oder einem Buchstaben von A bis E bzw. a bis e besteht, und ein Schlußzeichen ($\boxed{\text{RTN}}$ als Aufforderung zur Rückkehr). Das Programm wird mit seinem Namen aufgerufen. Die Einzelheiten werden in den folgenden Abschnitten näher erläutert.

B.2.1 Ein einfaches Programm entsteht

Wir wählen als erstes ein Beispiel, welches schon im Abschnitt B.1.4 bearbeitet wurde. Das Programm soll die Nummer (den „Namen") 1 bekommen. Die natürliche Zahl n soll alle Werte von 1 bis m durchlaufen, und als Ergebnis sollen die Summen

$$y_1 = \sum_{1}^{m} n_i; \qquad y_2 = \sum_{1}^{m} n_i^2; \qquad y_3 = \sum_{1}^{m} n_i^3$$

angezeigt werden. Die Ergebnisse sollen in den Speichern Sp. 1, Sp. 2 und Sp. 3 aufsummiert werden. Das Programm entsteht so

Lfd. Nr.	Progr.-Zeile	Taste / Eingabe	Bemerkung
1		ON	
2	00	PRGM	Umschalten auf Programmiermodus
3	01	LBL 1	Name
4	02	1	
5	03	STO + 0	Aufbau von n_i in Sp. 0
6	04	RCL 0	
7	05	STO + 1	1. Teilsumme in Sp. 1
8	06	ENTER ↑	
9	07	x^2	
10	08	STO + 2	2. Teilsumme in Sp. 2
11	09	×	Bildung von n_i^3
12	10	STO + 3	3. Teilsumme in Sp. 3
13	11	RCL 0	
14	12	R/S	Anzeige von n_i
15	13	GTO 1	Rückkehr zum Anfang
16	14	RTN	Schlußzeichen

Programmherstellung beendet. Es folgt Umschalten auf Progr.-Ausführung und Rechnung

17		RUN	Sprung auf Programm 1
18		GSB 1	mit Ausführung
19…23		R/S	5malige Wiederholung
24		RCL 1	Anzeige: $y_1 = 21$
25		RCL 2	Anzeige: $y_2 = 91$
26		RCL 3	Anzeige: $y_3 = 441$

Wenn der Rechner eingeschaltet wird, ist bei den Typen 67 und 97 der Inhalt der Programmzeilen und der Speicherzellen = 0. Bei den Typen 19 und 29 muß aus Sicherheitsgründen durch die Befehle CL.REG, CL.PRGM sichergestellt werden, daß diese Voraussetzungen erfüllt sind. Nach dem Einschalten wird der Betriebsschalter auf PRGM geschaltet. Im Sichtfenster erscheint dann die Programmzeilennummer 00 bzw. 000 (67 und 97). Unter lfd. Nr. 3 (Progr.-Zeile 01) erhält unser Programm die Bezeichnung 1. In der Speicherzelle 0 wird die Laufzahl n aufgebaut. Das weitere Programm ist genau so wie beim manuellen Rechnen. Bei der lfd. Nr. 13 wird der Wert aus dem Speicher 0 zurückgeholt, um dem Benutzer zu zeigen, wie weit er mit der Summierung schon gekommen ist. Unter Nr. 14 wird mit dem Befehl R/S (run/stop) das Programm angehalten, um im Bedarfsfall die Ergebnisse ablesen zu können. Soll noch nicht abgelesen werden, dann wird die Taste R/S (diesmal im Sinne von run) betätigt, und das Programm macht nun automatisch den nächsten Durchlauf. Die 2 im Sichtfenster zeigt an, daß für n = 1 und 2 die geforderten Summen gebildet wurden. Es wird nun so lange die Taste R/S gedrückt, bis der Wert 6 erscheint. Dann werden die Ergebnisse aus den Speicherzellen 1, 2 und 3 „abgefragt". Wir werden weiter unten sehen, daß auch dieses sechsfache automatische Durchlaufen ohne Schwierigkeit vom Programm gesteuert werden kann.

B.2.2 Starten und Anhalten eines Programms

Es ist zwar sehr zweckmäßig, aber nicht unbedingt notwendig, daß ein Programm eine („Erkennungs")Marke bekommt. Das soll an einem sehr einfachen Beispiel gezeigt werden: Für einen Durchmesser d soll die Kreisfläche A = $d^2 \cdot \pi/4$ berechnet werden.

Beim Einschalten des Rechners (bzw. nach Löschung des Programms) werden alle Programmzeilen mit dem Befehl R/S angefüllt. Ein neues Programm ohne Schlußzeichen wird vom nächsten R/S automatisch gestoppt. Dadurch wird erreicht, daß der Rechner nicht „tot"-läuft.

Wir schreiben das Programm für die Fläche A:

Progr.-Zeile	Taste / Eingabe	Code 97
000	ON PRGM	
001	x^2	53
002	π	16–24 (Zweitastenbefehl)
003	×	–35
004	4	04
005	÷	–24

Programmausführung:

Taste / Eingabe	Anzeige
RUN	0.00
RTN	0.00
5	5.
R/S	19.63
RTN	19.63
6	6.
R/S	28.27
RTN	28.27
usw.	

Dieses 5-Zeilenprogramm hat weder einen Namen noch eine Schlußmarke. Durch den manuellen Befehl RTN wird die Programmausführung (oder der gedachte Programmausführungs-„zeiger" PAZ) auf die „Ruhe"zeile 000 zurückgestellt. Es kann jetzt ein Wert für den Durchmesser eingegeben werden, hier z. B. 5. Durch Betätigen der Taste R/S (im Sinne von run) wird nun das Programm gestartet und läuft bis zur Zeile 006, wo es den schon beim Einschalten vorhandenen [R/S]-Befehl (im Sinne von stop) findet. Das Ergebnis A = 19.63 kann abgelesen werden.

Soll die gleiche Rechnung für einen anderen Durchmesser, z.B. 6, durchgeführt werden, dann muß das Programm zunächst wieder zur Ruhezeile 000 zurückgeführt werden durch den Befehl [RTN]. Dann wiederholt sich der ganze Vorgang.

Für die Durchführung einer Rechnung sind also außer dem Eintasten des Durchmessers zwei Tasten zu betätigen. Wir wollen jetzt versuchen, die Handhabung noch weiter zu vereinfachen. Dazu erhält das Programm nun einen Namen und eine Schlußmarke. Die Befehlsfolge heißt

[ON] [PRGM] [LBL] 1 [x^2] [π] [×] 4 [:] [R/S] [GTO] 1 [RTN].

Für den ersten Start drücken wir [RUN] [RTN].

Für die weitere Benutzung brauchen wir jetzt nur zu drücken 5 [R/S] 6 [R/S] usw.

Bei den Rechnern 67 und 97 wird die Handhabung noch einfacher, wenn man als Programmkennzeichnung nicht eine Ziffer, sondern einen der Buchstaben A bis E verwendet. Statt [GTO] [A] braucht dann nur die Taste [A] gedrückt zu werden.

Tastenfolge: [LBL] [A] [x^2] [π] [×] 4 [:] [RTN] ; [RUN].

Rechnung: 5 [A]. Anzeige 19.63. 6 [A]. Anzeige 28.27 usw.

Nach Ausführung der Rechnung steht das Programm an der Stelle [RTN]. Das Drücken der Taste [A] veranlaßt einen Suchvorgang, der bei Erreichen der Stelle [LBL] [A] sofort mit der Ausführung des Programms beginnt und die Rechnung bis zum Erreichen des Schlußzeichens [RTN] oder einer Stopp-Anweisung [R/S] durchführt.

B.2.3 Überprüfen und Korrigieren eines Programms

Zur Erläuterung nehmen wir an, daß wir bei unserem letzten Programm zur Flächenberechnung irrtümlich eine 3 statt einer 4 eingetastet, den Fehler aber nicht bemerkt, sondern erst an Hand falscher Testergebnisse erkannt hätten.

Die Überprüfung nehmen wir im RUN-Modus vor, nachdem wir mit [RTN] den PAZ auf 000 gestellt haben. Wir benutzen die Taste [SST] (single step) für die Ausführung einzelner Schritte. Beim Drücken der Taste erscheint die Programmzeile und der programmierte Tastencode. Nach Loslassen der Taste wird die Anweisung ausgeführt und der Inhalt des X-Registers angezeigt. So entsteht die Zeilenfolge

Progr.-Zeile	Code (HP 97)	(X)	Bedeutung des Codes
		5.	
001	21 11	5.00	[LBL] [A]
002	53	25.00	[x^2]
003	16-24	3.14	[π]
004	-35	78.54	[×]
005	03	3.	3
006	-24	26.18	[:]
007	24	26.18	[RTN]

In der Programmzeile 005 steht die als 03 codierte 3. Um sie durch die richtige 4 zu ersetzen, muß zunächst die Zeile gelöscht werden. Das geschieht im PRGM-Modus durch den Befehl $\boxed{\text{DEL}}$ (delete). Die beiden Zeilen 6 und 7 rücken dann automatisch auf und erhalten die Nummern 5 und 6. Im Anzeigefeld steht die Zeile 4. Nun kann einfach der richtige Wert 4 eingegeben werden. Die neue Zeile 5 hat dann den richtigen Programm-Code 04, und die Zeilen 6 und 7 stehen wieder an der alten Stelle. Die Korrektur ist also denkbar einfach. Das ist eine sehr wichtige Eigenschaft für den sinnvollen Einsatz eines programmierbaren Rechners.

Bei größeren Programmen ist es erwünscht, mit der Kontrolle an eine bestimmte Stelle des Programms „springen" zu können. Das geschieht im PGRM- oder RUN-Modus durch den manuellen (!) Befehl $\boxed{\text{GTO}}$.mn bzw. $\boxed{\text{GTO}}$.mno, wobei mn oder mno die zwei bzw. drei Ziffern der gesuchten Programmzeile sind.

B.2.4 Flußdiagramm (Programmablaufplan)

Sowie die Programme etwas länger werden, ist es dringend zu empfehlen, den Programmablauf in einem Programmablaufplan, für den im allgemeinen die Bezeichnung Flußdiagramm üblich ist, darzustellen. Die hierbei üblichen Symbole sollen kurz vorgestellt werden:

$\bigcirc\!\!\!\!\!\!\!\!\!\!\!$ für Start oder Stopp eines Programms

für Eingabe oder Ausgabe von Daten

für Berechnungen oder Speicheranweisungen

◯ für Marken (Labels), Kennzeichnungen oder Namen innerhalb des Programms, Sprungadressen

für Vergleichsoperationen

Variante für Vergleichsoperationen

Der „Fluß" des Programmablaufs wird durch Linien mit Pfeilen angegeben.

Im Bedarfsfall können weitere Vereinbarungen über Symbole innerhalb von Flußdiagrammen getroffen werden. Diese sollten dann aber jeweils an der betreffenden Stelle erläutert werden.

B.2.5 Sprunganweisungen und Marken (Adressen, Labels)

Die Programmierung bietet die Möglichkeit, innerhalb eines Programms (meistens in Abhängigkeit vom Ergebnis einer Vergleichsoperation; siehe B.3) an bestimmte andere Punkte zu „springen" und dort den Programmablauf fortzusetzen. Es erscheint zunächst naheliegend, hierfür die Nummer der entsprechenden Programmzeile zu benutzen. Der Nachteil einer solchen Lösung ist aber der, daß bei Erweiterungen oder Kürzungen von Programmen (z.B. bei Korrekturen) alle betroffenen Adressen zu ändern sind. Das ist eine ernste Fehlerquelle. Die Verwendung der PZ als Adresse ist daher nicht die Regel, sondern die Ausnahme.

Um die genannte Schwierigkeit zu umgehen, benutzt man Marken (Labels). Sie bestehen aus einer Ziffer (0 bis 9) oder einem Buchstaben (HP 67, 97: A bis E, a bis e). Um innerhalb eines Programms zum Ausdruck zu bringen, daß das folgende Zeichen ein Name sein soll, wird die Taste [LBL] gedrückt. Das unter B.2.4 als kleiner Kreis vorgestellte Zeichen für eine Marke kann im Programm also lauten [LBL] 3.

Wenn nun im Laufe eines Programms ein „Sprung" zur Marke 3 ausgeführt werden soll, so geschieht das durch den Befehl [GTO] 3. Die Programmausführung wird dann unmittelbar hinter der Marke 3 fortgesetzt (bei manuellem Befehl [GTO] 3 wartet die Programmausführung noch auf das Startzeichen [R/S]).

Ein kleines Beispiel möge zur Erläuterung dienen. Ein Programm soll mit 1 beginnend für alle natürlichen Zahlen (n = ∈ IN) jeweils die Zahl n und die Summe der Quadrate $s = \sum_{n=1}^{m} n^2$ anzeigen und nach einer kleinen Pause die Rechnung automatisch fortsetzen. Der Benutzer kann die Pause durch zweimalige Betätigung der Taste [R/S] beliebig verlängern. Für das Einschalten einer Pause von ca. 0,5 s gibt es auf dem Rechner den Befehl [PAUSE].

Wir zeichnen Flußdiagramm und Rechnerprogramm:

Speicherplan: n → (1); s = Σ n² → (2)

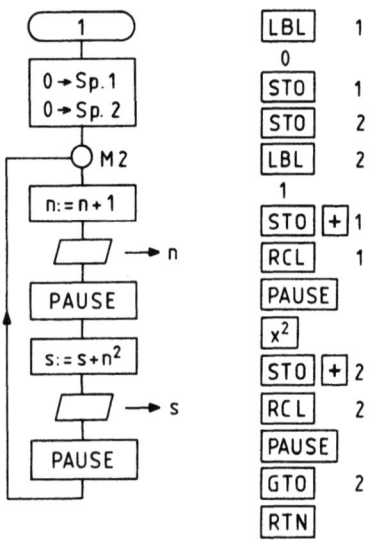

Am Anfang des Programms werden die Speicher 1 und 2 von möglicherweise noch vorhandenen Zahlenresten „gesäubert". Die Marke 2 dient als Rücksprungadresse für die laufende Wiederholung des Rechenzyklus.

Marken können mehrfach benutzt werden. Das ist aber nur dem geübten Programmierer zu empfehlen. Hier wird es grundsätzlich vermieden.

B.2.6 Programmaufruf und -ausführung

Wir hatten bisher immer angenommen, daß unser Programm in der Zeile 1 beginnt. Wir hatten weiter gesehen, daß dann eine Namensgebung zwar nicht erforderlich, aber doch zu empfehlen ist. Wir wollen jetzt an einem ganz einfachen Programm zeigen, wie wir aus mehreren Einzelprogrammen das jeweils gewünschte willkürlich herausgreifen können.

In einem Vorbereitungsprogramm sollen zunächst zwei Größen a und b in die Speicher 1 und 2 eingelesen werden. Dann soll wahlweise in einem

Programm 1: $y = (a + b)^2$

Programm 2: $y = \sqrt{a^2 + b^2}$

Programm 3: $y = (a + b)(a - b)$

gebildet werden.

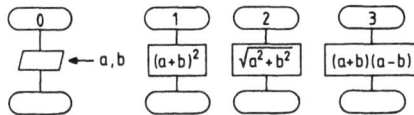

PZ	Taste
01	*LBL0
02	0
03	R/S ← a
04	STO1
05	6
06	R/S ← b
07	STO2
08	RTN
09	*LBL1
10	RCL1
11	RCL2
12	+
13	X²
14	RTN
15	*LBL2
16	RCL1
17	X²
18	RCL2
19	X²
20	+
21	√X
22	RTN
23	*LBL3
24	RCL1
25	RCL2
26	+
27	RCL1
28	RCL2
29	-
30	x
31	RTN

Wir testen das Programm mit den Werten a = 3 und b = 4. [RTN] [R/S] 3 [R/S] 4 [R/S]. Die Werte a und b sind nun eingelesen, wovon wir uns durch [RCL] 1 und [RCL] 2 überzeugen können.

Um nun eins der drei Programme auszuführen, haben wir zwei Möglichkeiten, nämlich den Befehl [GTO] oder den Befehl [GSB]. Wir wählen als Beispiel zunächst den Befehl [GTO] 2. Nach Ausführung dieses Befehls steht das Programm an der Zeile 15, wartet aber noch auf den Ausführungsbefehl. Wir tasten jetzt [R/S], und der Rechner zeigt nach kurzer Zeit y = 5.00. Diese Aufteilung in zwei Schritte, nämlich 1. Hinführen und 2. Ausführen erscheint zunächst etwas umständlich, bietet aber praktisch doch Vorteile, wenn man in einzelnen Programmen Korrekturen vornehmen will. Im übrigen kann aber das ganze auch durch einen einzigen Befehl erreicht werden, nämlich durch [GSB] 2. Jetzt springt der Rechner zur Zeile 15 ([LBL] 2) und führt das Programm 2 auch sofort aus.

Wenn als Adressen statt der Ziffern 0 bis 9 bei den Typen 67 und 97 die Buchstaben A...E, a...e benutzt werden, ist die Wirkung die gleiche. Es kommt aber neu hinzu, daß nun die Betätigung einer der Tasten [A]...[e] die gleiche Wirkung hat, als wenn man [GSB] [A] usw. gedrückt hätte.

B.2.7 Indirekte Adressierung

Die Rechner bieten die für manche Anwendungszwecke sehr nützliche Möglichkeit, die Adresse nicht im Programm von vornherein fest vorzugeben, sondern sie in einer besonderen Adreß-Zelle erst zu „erfragen". Dabei kann diese Adresse das Ergebnis einer vorherigen Rechnung sein! Bei den Typen 19 und 29 wird hierfür die Speicherzelle Sp. 0 benutzt, während die Typen 67 und 97 eine besondere Speicherzelle I (indirekt) haben.

Der direkte Befehl [GTO] 2 könnte also bei den Rechnern 19 und 29 auch indirekt so formuliert werden: 2 [STO] 0; [GTO] [(i)] oder bei den Typen 67 und 97: 2 [STO] [I]; [GTO] [(i)].

Bei den Rechnern 19/29 sind die ersten 16 Speicherzellen mit den Nummern 0 bis 15 direkt adressierbar. Die Speicher 10 bis 15 werden dabei mit .0 bis .5 adressiert. Die weiteren verfügbaren 14 Speicher mit den Nummern 16 bis 29 sind nur durch indirekte Adressierung erreichbar. Das Gleiche gilt mit Einschränkung bei den Typen 67/97 für die Speicher mit den Nummern 10 bis 25. Hier können allerdings auch noch die erste und die zweite Zehnergruppe vertauscht werden, um damit eine weitere Flexibilität in der Programmierung zu erhalten (siehe Beispiel B.3.5.2).

Die indirekte Adressierung bietet eine weitere interessante Anwendungsmöglichkeit, die im Programm einen *Rücksprung* auf eine beliebige Programmzeile erlaubt. Da beim Rücksprung auch die Zeile 000 übersprungen werden kann, kann der Rücksprung in solchen Fällen de facto auch als Vorwärtssprung aufgefaßt werden. Voraussetzung für diese Arbeitsweise ist, daß im Indexregister eine negative Zahl gespeichert ist. (In B.2.3 wurde gezeigt, daß bei *manuellem* Betrieb ein beliebiger Vorwärts- oder Rückwärtssprung möglich ist.)

Ein ganz einfaches Beispiel soll das erläutern: In den Speicherzellen 1 bis 6 seien die Größen x_1 bis x_6 gespeichert. Für Testzwecke füllen wir sie einfach mit den natürlichen Zahlen 1 bis 6. Es soll ein Programm entwickelt werden, welches uns die Wahl freistellt, die Summen der Inhalte der Zellen 1 bis n zu bilden, wobei n maximal den Wert 6 annehmen darf. Das Programm ist nebenstehend für den Typ 97 geschrieben und leicht verständlich. Zum Testen starten wir mit [GSB] 0. Der Rechner springt zur Adresse 0 und beginnt zu arbeiten. Er wird dort zur Marke 1 geführt. Eine 0 wird in das Anzeigeregister gespeichert, und in der Zeile 18 wartet der Rechner auf die Eingabe einer Zahl n. Im ersten Test wurde n = 3 eingegeben. Dieser Wert wird mit 2 multipliziert. Dann werden 12 addiert und das Vorzeichen gewechselt. Diese negative Zahl (in diesem Fall −18) wird im Indexregister gespeichert. Eine 0 wird ins Anzeigeregister geschrieben und nun der Befehl zum Rücksprung [GSB] [(i)] gegeben. Dieser Befehl steht in der Zeile 27. Zurückgesprungen wird um 18 Schritte, also auf die Zeile 9. Dort wird der Inhalt des Speichers 3 geholt und zu Null addiert, dann 2, dann 1, und als Ergebnis erscheint die 6. Eine zweite Testrechnung mit n = 5 liefert als Ergebnis 15.

```
HP 97.00
PROGR. B.2.70
001   *LBL0
002   GTO1
003   RCL6
004   +
005   RCL5
006   +
007   RCL4
008   +
009   RCL3
010   +
011   RCL2
012   +
013   RCL1
014   +
015   R/S
016   *LBL1
017   0
018   R/S
019   2
020   X
021   1
022   2
023   +
024   CHS
025   STOI
026   0
027   GSBi
028   RTN
029   R/S

       GSB0
←  3.00  R/S
→  6.00  ***
       GSB0
←  5.00  R/S
→ 15.00  ***
```

B.2.8 Benutzeranleitung

Wenn ein Programm geschrieben und getestet ist, sollte, wenn man es zu den „Akten" legt, für die spätere Verwendung auf keinen Fall die *Benutzeranleitung* fehlen. Sie soll möglichst so gestaltet werden, daß auch der nicht Eingeweihte mit dem Programm arbeiten kann.

Wir wählen als Beispiel hierfür eine Dreiecksberechnung. Das Flußdiagramm läßt im Zusammenhang mit den mathematischen Ableitungen den Verlauf der Rechnung erkennen. In dem ausführlichen Flußdiagramm ist hier auch mit eingezeichnet, an welchen Stellen die einzelnen Größen abgespeichert werden. Um den Zusammenhang mit dem abgedruckten Programm (welches für alle vier Rechnertypen die gleiche Form hat; hier wurde es vom HP 97 ausgedruckt) noch zu verdeutlichen, wurden bei den Ein- und Ausgaben die Programmzeilen angeschrieben.

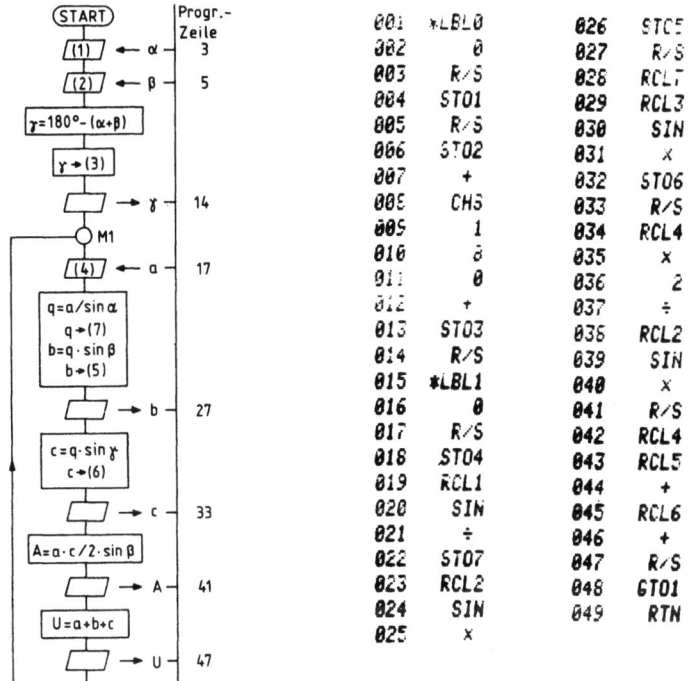

Von einem Dreieck sind zwei Winkel $\alpha = 47,5°$ und $\beta = 62.8°$ gegeben. Für die Seiten a = 13.5; 18.2; 21.4; 27.8; 32.0 cm sind die Seiten b und c, der Flächeninhalt A und der Umfang U zu berechnen. Es gilt

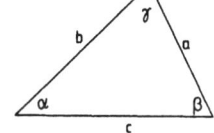

$\gamma = 180° - (\alpha + \beta)$ (Winkelsumme im Dreieck = 180°)

$\dfrac{a}{\sin \alpha} = \dfrac{b}{\sin \beta} = \dfrac{c}{\sin \gamma}$ (Sinussatz)

$A = \dfrac{1}{2} c \cdot h_c = \dfrac{a \cdot c}{2} \cdot \sin \beta$

$U = a + b + c$

Den Sinussatz schreiben wir:

$b = q \cdot \sin \beta$; $c = q \cdot \sin \gamma$ mit $q = \dfrac{a}{\sin \alpha}$

Die Benutzeranleitung wird so geschrieben, daß der „Benutzer" das Flußdiagramm und das Programm nicht unbedingt verstehen muß, sondern so klare Anweisungen erhält, daß ein Irrtum möglichst ausgeschlossen wird. Das Programm sollte daher eine unverwechselbare Bezeichnung haben (z.B. Datum und einige Kennbuchstaben oder Kennziffern). Dieses Programm wird eingetastet oder mit Magnetstreifen eingelesen. Dann beginnt die Rechnung. In der Tabelle sind drei Spalten angegeben, und zwar

1. Taste (als Bedienungsaufforderung),
2. Anzeige / Ausgabe,
3. Eingabe (von Zahlenwerten).

Das Programm (hier mit der Marke 0) wird „gerufen" und gestartet mit dem Befehl GSB 0. Die Programmausführung bearbeitet den 1. Abschnitt und zeigt in der Anzeige eine 0, um damit zum Ausdruck zu bringen, daß eine Eingabe erwartet wird. Der Winkel α wird eingegeben und zur Fortsetzung die Taste R/S gedrückt. Die Programmausführung bearbeitet den 2. Abschnitt und zeigt durch eine 0 in der Anzeige wieder, daß eine neue Eingabe erwartet wird. Der Winkel β wird eingegeben und mit R/S die Fortsetzung veranlaßt. Es erscheint jetzt im Anzeigefenster als erstes Ergebnis der Winkel γ, der nun in Ruhe abgelesen werden kann. Außerdem wird er in (3) gespeichert. Durch erneutes Betätigen der Taste R/S wird die Fortsetzung der Programmausführung veranlaßt. Es erscheint wieder eine 0 im Anzeigefenster als Aufforderung zur nächsten Eingabe. Jetzt wird die Seite a eingegeben. Durch wiederholtes Betätigen der R/S -Taste werden die einzelnen Abschnitte des Programms aktiviert, und die gesuchten Größen b, c, A, U können abgelesen werden. Die Programmfortsetzung verlangt nun (Anzeige 0) einen neuen Wert, und zwar a. Die nächste Wertegruppe kann abgelesen werden usw. Wenn man bei der Herstellung eines Programms keine „Platznot" hat, sollte man es sich zur Regel machen, die Anforderung eines Eingabewertes unbedingt durch die Anzeige einer 0 oder einer anderen sinnvollen Zahl auszudrücken.

Benutzeranleitung

Aufgabe: Berechnung eines Dreiecks aus α, β, a.

1. Programm mit der Bezeichnung 781010.12 eintasten bzw. -lesen.
2. Rechnung.

Speicherplan		Taste(n)	Anzeige / Ausgabe	Eingabe	Bemerkungen
(1)	α	GSB 0	0.00	α	
(2)	β	R/S	0.00	β	
(3)	γ	R/S	γ		
(4)	a	R/S	0.00	a	
(5)	b	R/S	b		
(6)	c	R/S	c		
(7)	q	R/S	A		Fläche
		R/S	U		Umfang
		R/S	0.00	a	
		R/S	b		
		usw.			

B.2.9 Übungsaufgaben

B.2.9.1 Schreiben Sie ein Programm zur Berechnung der Flächenwerte eines kreisförmigen Querschnitts: (Ergebnisse in den Einheiten cm^2, cm^3, cm^4)

Flächeninhalt $\quad A = \frac{\pi}{4} \cdot d^2$;

Widerstandsmoment $\quad W = \frac{\pi}{32} \cdot d^3$;

Flächenträgheitsmoment $\quad I = \frac{\pi}{64} \cdot d^4$.

(Beachten Sie, daß W und I über d mit A zusammenhängen. Sie sparen sich dadurch einige Programmschritte!)
Führen Sie die Rechnung durch für

$\quad$ d = 20; 25; 30; 35; 40; 45; 50 mm.

B.2.9.2 Von einem Dreieck sind gegeben: a = 56,4 cm; b = 38,2 cm;

γ = 17.8°; 48.9°; 81.0°; 104.7°; 126.5°; 146.1°.

Berechnen Sie mit einem Programm die Seite c nach dem Cosinussatz:

$c^2 = a^2 + b^2 - 2ab \cos \gamma$.

B.2.9.3 Die 3. Wurzel aus einer Zahl a läßt sich iterativ nach der Vorschrift

$$x_n = \frac{1}{3} \cdot \left(2 x_{n-1} + \frac{a}{x_{n-1}^2} \right) \quad \text{mit} \quad n \in \mathbb{N}$$

berechnen. Stellen Sie hierfür ein Programm auf, und berechnen Sie insbesondere $\sqrt[3]{6{,}42}$ und $\sqrt[3]{-0{,}0386}$. Vergleichen Sie Ihre iterativ berechneten Werte mit den über die Tasten $y^{1/x}$ angezeigten Werten.

Zusatz: Untersuchen Sie die Folge

$$x_n = \frac{1}{2} \cdot \left(x_{n-1} + \frac{a}{x_{n-1}^2} \right) \quad \text{oder} \quad x_n = \frac{1}{4} \cdot \left(x_{n-1} + \frac{3a}{x_{n-1}^2} \right),$$

indem Sie mit einem Programm hinreichend viele Glieder berechnen.

B.2.9.4 Werden zu Beginn eines jeden Jahres r DM auf ein Sparkonto gezahlt, so beträgt bei einem jährlichen Zinssatz p das Kapital am Ende des n-ten Jahres

$$K_n = r \cdot q \cdot \frac{q^n - 1}{q - 1} \quad \text{mit} \quad q = 1 + p \quad \text{(Aufzinsungsfaktor)}.$$

Berechnen Sie K_n mit Hilfe eines Programms für r = 1000,– DM für die folgenden Werte:

p	5.0; 5.25; 5.5; 5.75; 6.0; 6.25; 6.5 %
n	4; 5; 6; 7; 8 Jahre

B.2.9.5 Stellen Sie ein Programm auf zur Berechnung der reellen Lösungen der quadratischen Gleichung $a \cdot x^2 + b \cdot x + c = 0$.

Zahlenbeispiele:

a	1	3	0.52	1	9.41
b	-1	-7	2.71	-31.26	0.432
c	-6	2	0.86	112.4	-0.0316

Die Lösungsformel lautet $x_{1,2} = \dfrac{-b \pm \sqrt{b^2 - 4 \cdot a \cdot c}}{2 \cdot a}$.

B.2.9.6 Für die Auslenkung einer gedämpften Schwingung gilt $y = A \cdot e^{-\delta \cdot t} \sin \omega t$. Berechnen Sie für $A = 25$ mm, $\delta = 0.2$/s (Dämpfungsfaktor), $\omega = \frac{\pi}{2}$/s (Kreisfrequenz = Anzahl der Schwingungen in 2π s) und $t = 0$ (0.5) 8 s (0.5 s-Stufen) die Funktionswerte y. Zeichnen Sie die Schwingung in einem t,y-Koordinatensystem als Kurve.

B.2.9.7 Untersuchen Sie, was mit dem folgenden Programm berechnet wird. Nennen Sie die Speicherinhalte (Sp. 1) = a und (Sp. 2) = b.

```
001   CLX        013   RCL1
002   R/S        014   RCL2
003   STO2       015   +
004   X²         016   1/X
005   1          017   RCL1
006   +          018   RCL2
007   √X         019   X
008   0          020   2
009   R/S        021   X
010   STO1       022   X
011   +          023   CHS
012   +          024   +
                 025   R/S
```

B.3 Verzweigungen (Bedingte Sprunganweisungen)

B.3.1 Einfache Verzweigungen

Die Rechner besitzen die Fähigkeit, an bestimmten Stellen des Programms Entscheidungen über den weiteren Verlauf der Berechnung zu treffen. Es wird gewissermaßen eine Weiche gestellt oder ein Schalter (evtl. auch mit mehreren Stellungen) betätigt. Diese Weiche „führt" die Programmausführung dann mit einer Sprunganweisung an einen vorgeschriebenen Punkt zur Fortsetzung des Ablaufs. In der einfachsten Form ist das ein Vergleich zwischen zwei Größen x und y. Die Frage kann z.B. lauten $x > y$? Wird die Frage positiv beantwortet (ist die Bedingung erfüllt), dann soll das Programm bei der Adresse A1 fortgesetzt werden, sonst bei A2 (Bild B.3.1). Im Flußdiagramm ist das schematisch dargestellt.

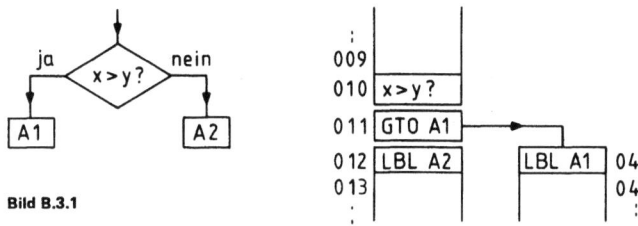

Bild B.3.1

Die praktische Handhabung ist einfach. Das Bild B.3.1 zeigt in der Programmzeile 010 die Frage, ob x größer als y ist. Wird die Frage positiv beantwortet, dann wird die folgende (11.) Programmzeile ausgeführt. Das Programm springt zur Marke A1, die hier z.B. in der Zeile 041 angenommen wird. Dort wird die Rechnung fortgesetzt. Wäre die Bedingung nicht erfüllt, dann würde die Programmausführung die Zeile 011 überspringen und bei 012 fortsetzen. Die Zeile 012 entspricht also der Bezeichnung A2 im Flußdiagramm.

Im nächsten Abschnitt werden weitere Möglichkeiten zur Formulierung von Bedingungen erläutert.

B.3.2 Formulierung von Bedingungen

Die Möglichkeit, den weiteren Programmlauf von logischen Entscheidungen abhängig zu machen, ist eine sehr wichtige Eigenschaft von Rechnern. Es gibt daher auch verschiedene Möglichkeiten, Bedingungen zu formulieren, nach denen sich die Entscheidung richtet.

Die 1. Gruppe von Entscheidungen vergleicht die Größen x und y, die im X- und Y-Speicher des Rechners stehen. Folgende Vergleiche sind möglich:

$x = y$; $x \neq y$; $x > y$; $x \leq y$;

Durch Vertauschen von x und y lassen sich die beiden fehlenden $x \geq y$; $x < y$; auch einfach programmieren.

Die zweite Gruppe von Entscheidungen vergleicht die Größe x mit 0. Dieser Sonderfall der oben geschilderten Bedingungen mit $y = 0$ belegt nicht den Y-Speicher und vereinfacht damit manche Programme erheblich. Die folgenden Vergleiche sind möglich $x = 0$; $x \neq 0$; $x > 0$; $x < 0$;

Die dritte Gruppe von Entscheidungen wird abhängig gemacht von einem manuell oder durch Programm zu setzenden Signal (FLAG, Flagge). Sie ist hier nur bei den Typen 67 und 97 möglich. Um eine Flagge zu setzen, gibt es den Befehl „set flag" abgekürzt $\boxed{\text{STF}}$. Um das Signal wieder zu löschen, betätigt man den Befehl „clear flag" $\boxed{\text{CLF}}$. Um im Programm abzufragen, ob eine der vier verfügbaren Flaggen 0 bis 3 gesetzt ist, programmiert man die Frage F?n mit $n = \in \mathbb{N}_3$.

Die flag-Signale sind besonders günstig bei der Programmentwicklung. Man kann z.B. an verschiedenen Stellen die Kombination $\boxed{\text{F?}}$ 0 $\boxed{\text{R/S}}$ einbauen, um Zwischenwerte bequem kontrollieren zu können, und ebenso $\boxed{\text{F?}}$ 1 $\boxed{\text{PRINT x}}$, um mit FLAG 1 die Entscheidung darüber treffen zu können, ob Werte schon ausgedruckt werden sollen oder nicht.

B.3.3 Schrittzähler und Schleifen

Bei vielen Aufgaben (z.b. Iterationsverfahren, Summenbildung von Reihen usw.) kommt es vor, daß man einen bestimmten Rechenzyklus mehrfach durchlaufen muß, wobei die Durchlaufzahl k entweder fest vorgegeben ist oder von Bedingungen abhängig gemacht wird (z.B. maximaler Restfehler).

Zunächst sei der Fall betrachtet, daß die Laufzahl, die zur Funktionsbildung benutzt wird, eine natürliche Zahl sei n = $\in$ IN. In Programmiersprachen wird eine solche Schleife oft etwa so formuliert

FOR N = N1 TO N2 STEP 1

oder in Programmentwürfen N = N1(1)N2: d.h. das auf diesen „Kopf" folgende Programm (oder der Programmblock) ist k = N2 – N1 + 1 mal zu durchlaufen, und zwar zunächst für n = N1, dann für n = N1 + 1 usw. bis n = N2. Das zugehörige Rechnerprogramm kann z.B. so aussehen:

(LBL 1)	Speicherbelegung vor Beginn der Rechnung: N1 → (1); k → (I);
RCL 1	Die Funktion F(n) ist eine beliebige Funktion der ganzzahligen Variablen n mit der einzigen Einschränkung, daß in diesem
‖ F(n) ‖	Programmblock der Speicher I nicht anderweitig benutzt werden
1	darf.
STO + 1	Der Befehl DSZ I (descend = verkleinern) ist eine Kurzform der
DSZ I	Programmfolge
GTO 1	1
	STO – I
	RCL I
(RTN)	x ⩾ 1?

wobei aber noch der große Vorteil hinzukommt, daß neben der Einsparung von drei Programmzeilen auch die Inhalte der Speicher X, Y, Z, T nicht verändert werden!

Statt einen positiven Zahlenwert durch den Befehl DSZ schrittweise abzubauen bis in den Bereich –1 < I < 1, besteht auch die Möglichkeit, durch den Befehl ISZ einen Zahlenwert schrittweise zu vergrößern.

Mit Hilfe des indirekten Befehls DSZ(i) bzw. ISZ(i) können die Zählvorgänge in eine beliebige andere Speicherzelle verlegt werden, so daß z.B. auch verschiedene Zählvorgänge nebeneinander ausgeführt werden können.

Beispiel: Die Funktion $f(x) = e^x$ kann durch die unendliche Reihe

$$e^x = 1 + x + \frac{x^2}{2!} + \ldots + \frac{x^{m-1}}{(m-1)!} + \ldots$$

dargestellt werden. Es soll jetzt ein Programm geschrieben werden, welches es ermöglicht, die Gliederzahl m vorzuschreiben, nach welcher die Reihe abgebrochen werden soll.

Die Funktion $f(x)$ wird dann näherungsweise angegeben durch die Funktion

$$y = 1 + x + \frac{x^2}{2!} + \ldots + \frac{x^{m-1}}{(m-1)!}.$$

Die Kontrolle der Zykluszahl m wird in der Zeile 22 des Programms im Index-Speicher I vorgenommen.

$$y = G_0 + G_1 + G_2 + \ldots + G_k; \quad k = m - 1$$

Rekursion: $G_i = G_{i-1} \cdot \frac{x}{i}$

$S_i = S_{i-1} + G_i$

Summe: $y = s_k$

Progr.-Zeile	Taste(n)	Bemerkung
01	*LBL 1	
02	CLX	
03	STO 2	n = 0
04	R/S	← m
05	1	
06	STO 1	$G_0 = 1$
07	STO 4	$S_0 = 1$
08	–	
09	STO I	k = m – 1
10	CLX	
11	R/S	← x
12	STO 3	
13	*LBL 2	
14	1	
15	STO + 2	n := n + 1
16	RCL 3	
17	RCL 2	
18	:	x/n
19	STO × 1	$G_i = G_{i-1} \times \frac{x}{n}$
20	RCL 1	
21	STO + 4	$S_i = S_{i-1} + G_i$
22	DSZ I	k – i → (I)
23	GTO 2	
24	RCL 4	
25	RTN	

Anmerkung: Die Bemerkungen in den Zeilen 19 und 21 werden in der Regel vereinbarungsgemäß in der vereinfachten Form $G := G \cdot \frac{x}{n}$; $s := s + G$ geschrieben. Zu lesen etwa: Der (neue) Wert von G ergibt sich aus dem Produkt des (bisherigen) Wertes von G und x/n. Das Zeichen := steht für einen nach links zeigenden Pfeil ←. Vorstellung: Das Ergebnis der Rechnung auf der rechten Seite wird an der Stelle abgespeichert, die für die Größe auf der linken Seite des Pfeiles vereinbart wurde.

Benutzeranleitung

Programm: 781023.20 |LBL| 1   Kurzzeichen: EXM

Länge: 25 Zeilen   Rechner-Typ: 67, 97

Aufgabe: Reihe mit m Gliedern für e^x

Speicherbelegung	Taste(n)	Anzeige	Eingabe	Bemerkung
k = m – 1 → (I)	|GSB| 1	0.00	m	
G_i → (1) n = 0 (1) k → (2)	|R/S|	0.00	x	
x → (3) S_i, y → (4)	|R/S|	e^x		Näherung

Rechenbeispiele:

x	$m_1 = 4$	$m_2 = 8$	e^x
0.5	1.645833	1.648721	1.648721
1.5	4.187500	4.480929	4.481689

Soll ein Programm geschrieben werden, bei dem innerhalb des zyklisch zu wiederholenden Blocks der Indexspeicher I benutzt wird, dann kann die Schleife (ohne Benutzung von I) wie in Bild B.3.3.1 gezeigt aufgebaut werden:

$k+1 \rightarrow (1)$
$k \rightarrow (2)$

```
LBL B
RCL 1
RCL 2
-
F(n)
1
STO-2
RCL 2
x ≠ 0
GTO B
RTN
```

Bild B.3.3.1

B.3.4 Mehrfachverzweigungen

Durch eine einfache Ja-Nein-Entscheidung wird das Programm in zwei verschiedene Wege aufgespalten. Schaltet man in einer zweiten Abfrage„ebene" nochmal jeweils wieder eine Ja-Nein-Entscheidung ein, dann ergeben sich schon vier Möglichkeiten, und durch Vergrößerung der Zahl der Ebenen ist die Aufteilung in 2^n Zweige möglich, wenn unter n die Zahl der Abfrageebenen verstanden wird.

Eine zweite Möglichkeit ist die einfache „Reihenschaltung" der einzelnen Fragen.

Die Fragen werden sich außer auf das Vorzeichen (+, −, 0) ausschließlich darauf beziehen, ob ein Zahlenwert in einen bestimmten Bereich fällt, eine bestimmte Grenze über- oder unterschreitet oder nicht. Bei den oben beschriebenen beiden Möglichkeiten werden an die Abstände der einzelnen Grenzen der Zahlenbereiche keine besonderen Forderungen gestellt.

Ein Beispiel diene zur Erläuterung: Bei einer statistischen Untersuchung fallen positive Zahlenwerte im Bereich von 0 bis 200 an, die in eine linke Randklasse 0 für Werte zwischen 0 und 1, in eine rechte Randklasse für Werte über 100 und in die sechs Klassen 1 bis 6 für die Bereiche 1−2−5−10−20−50−100 eingeordnet werden sollen. Die Häufigkeit des Auftretens von Werten in den einzelnen Klassen soll gezählt werden.

Die beiden oben angegebenen Möglichkeiten der Programmierung einmal mit verschiedenen Abfrageebenen und einmal als einfache Reihenschaltung der Fragen führen zu fast identisch gleich langen Programmen. Wegen der besseren Übersichtlichkeit wird hier daher empfohlen, die Reihenschaltung zu benutzen.

In Bild B.3.4.1 ist das Flußdiagramm gezeichnet, und für einen schraffierten Programmausschnitt sind zwei Lösungsmöglichkeiten a) und b) angegeben. Im Fall a) sind die Bereichsgrenzen Teil des Programms. Im Fall b) werden die Grenzen manuell in die Speicherzellen 1 bis 7 eingetastet, bevor das Programm in Betrieb genommen wird. Die Zahl der benötigten Speicherzellen erhöht sich damit auf das doppelte. Beim Programm a) braucht man außer dem Vorspann 68 Programmschritte, bei b) 70.

Histogramm mit 8 Klassen n_0 bis n_7
Klassengrenzen g_1 bis g_7

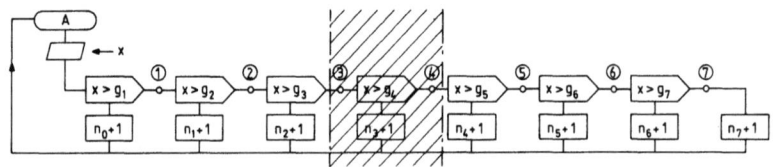

Bild B.3.4.1

Schraffierter Programmausschnitt:

Lösung a)
(Grenzen im Progr. geschrieben)

```
*LBL 3
1
0
CHXY
x > y?
GTO 4
1
STO + 3
GTO A
*LBL 4
⋮
```

Lösung b)
(Grenzen in Sp.1 bis Sp. 7)

```
*LBL 3
RCL 4
RCL 0
x > y?
GTO 4
CHPS
1
STO + 3
CHPS
GTO A
*LBL 4
⋮
```

Lösung c) Volles Programm

Programm: 781117.09
Aufgabe: Dateneinteilung in 8 Klassen
0 bis 7 mit Grenzen g_1 bis g_7

Kurzzeichen: HIST
Rechner-Typ: 67, 97

Progr.-Zeile	Taste(n)	Bemerkung
00		
01	*LBL A	
02	CLX	
03	R/S	Dateneingabe x
04	STO 0	
05	7	oberste Klassennummer
06	STO I	in den Indexspeicher
07	*LBL 1	
08	RCL i	Grenzwert g_i (i = 7 (− 1) 1)
09	RCL 0	
10	x > y?	Vergleich
11	GTO 2	
12	DSZ I	I := I − 1
13	GTO 1	
14	*LBL 2	
15	CHPS (P ⇄ S)	Austausch Primär- und Sekundärspeicher
16	1	
17	STO + i	$n_i := n_i + 1$
18	CHPS (P ⇄ S)	Austausch rückwärts von Primär- und
19	GTO A	Sekundärspeichern
20	RTN	

Benutzeranleitung

Programm: 781117.09 [LBL] A
Länge: 20 Zeilen
Kurzzeichen: HIST
Rechner-Typ: 67, 97

Aufgabe: Eingangsgrößen x in Klassen einteilen, Klassengrenzen g_1 bis g_7

Speicherbelegung	Beispiel	Taste(n)	Anzeige	Eingabe	Bemerkung
x → (0)		A	0.00	x	
g_1 → (1)	1	R/S	0.00	x	
g_2 → (2)	2	R/S	0.00	x	
g_3 → (3)	5	usw.			
g_4 → (4)	10				
g_5 → (5)	20				
g_6 → (6)	50				
g_7 → (7)	100			x	
		R/S			
		PRINT REG			
		CHPS			
		PRINT REG			

Als Beispiel wird die Zahlenfolge $y = 10^{2 \cdot \sin x}$ für $x = 1(1)100$ gebildet und in die gegebenen Klassen eingeordnet. In der Programmzeile 3, in der vorher die manuelle Eingabe vorgesehen war, wird ein Wert mit einem Unterprogramm (s. Abschnitt B.4) ermittelt und zugeordnet.

```
781117.09
001 *LBLA
002 CLX
003 GSB4
004 ST08
005 7
006 ST0I
007 *LBL1
008 RCLi
009 RCL0
010 X>Y?
011 GT02
012 DSZI
013 GT01
014 *LBL2
015 P≷S
016 1
017 ST+i
018 P≷S
019 GT0A
020 RTN
```

```
021 *LBL3
022 1
023 0
024 .
025 ST09
026 RTN
027 *LBL4
028 RCLS
029 X=0?
030 GT05
031 SIN
032 2
033 X
034 10^
035 1
036 ST-9
037 X≠Y
038 RTN
039 *LBL5
040 PREG
041 P≷S
042 PREG
043 P≷S
044 R/S
045 RTN
```

```
              0.00 ST08
              1.00 ST01
              2.00 ST02
              5.00 ST03
             10.00 ST04
             20.00 ST05
             50.00 ST06
            100.00 ST07
                P≷S
                CLRG
                P≷S
                GSB3
                GSB4
```

```
 1.00  0    0.00  0
 1.00  1    8.00  1
 2.00  2   12.00  2
 5.00  3   10.00  3
10.00  4   10.00  4
20.00  5   18.00  5
50.00  6   42.00  6
100.00 7    8.00  7
 0.00  8    8.00  8
 0.00  9    8.00  9
 0.00  A    8.00  A
 0.00  B    8.00  B
 0.00  C    8.00  C
 0.00  D    8.00  D
 0.00  E    8.00  E
 1.00  I    1.00  I
```

a) b) c) d)

a) Programm für Häufigkeitsermittlung, b) Programm zur Funktionsberechnung, c) Dateneingabe und Bedienung, d) Klassengrenzen und Häufigkeitsverteilung (ausgedruckt)

Die Programmlänge kann ganz wesentlich reduziert werden, wenn man die indirekte Adressierung heranzieht. Das gesamte Programm einschließlich Vorspann schrumpft damit auf 20 Zeilen zusammen (s. A Lösung c) S. 31). Das Programm, das für den Typ 97 geschrieben wurde, benutzt dabei die Vertauschung von Primär- und Sekundärspeichern, die im Abschnitt B.6 noch näher erläutert wird. Nach Eingabe aller Daten können die Bereichsgrenzen und die Summenwerte der einzelnen Klassen durch einfache Befehle (PRINT REG) ausgegeben werden (HP 97).

2. Beispiel

Eine Bank bietet ihren Sparern für ein eingezahltes Kapital K_0 für 5 Jahre einen jährlich ansteigenden Zinssatz. Die Zinssätze für die 5 Jahre seien p_1 bis p_5 %. Mit einem Programm soll das Kapital K_n nach $n \in \mathbb{N}_5$ Jahren und der mittlere Zinssatz (Rendite) berechnet werden.

Für die Aufgabe werden wieder zwei Lösungswege angegeben, und zwar einmal mit direkter und einmal mit indirekter Adressierung.

Es gilt

$$K_n = K_{n-1} \cdot (1 + p_n/100) = K_{n-1} \cdot q_n = K_0 \cdot q_1 \cdot q_2 \cdot \ldots \cdot q_n.$$

Die Rendite berechnet man mit

$$p = (\sqrt[n]{q} - 1) \cdot 100 \text{ \%}.$$

Die Zinsfaktoren werden manuell eingespeichert. Damit bleibt das Programm sehr elastisch.

Für die erste Lösung sind Flußdiagramm und Programm in Bild B.3.4.2 angegeben. Es wird nacheinander abgefragt: n = 1?; n = 2?; usw. Das hat zur Folge, daß einerseits das Programm ziemlich lang wird (59 Zeilen) und andererseits eine Erweiterung über die vorgegebene Maximalzahl n = 5 nicht möglich ist.

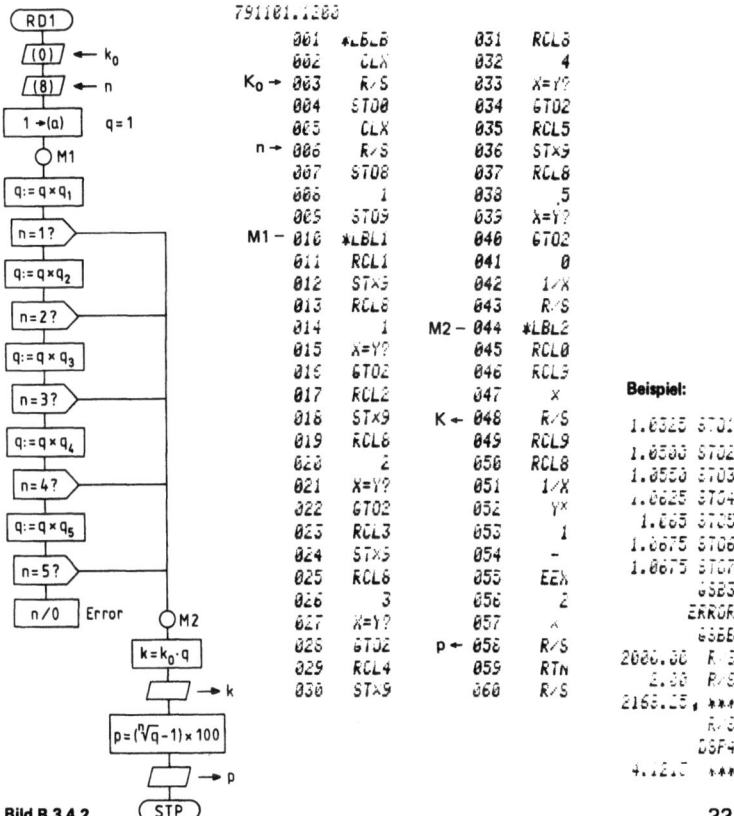

Bild B.3.4.2

Benutzeranleitung

Programm: 781101.1200 [LBL] B
Länge: 59 Zeilen
Aufgabe: Kapital und Rendite bei variablem Zinssatz

Kurzzeichen: RD1
Rechner-Typ: HP 97

Speicher-belegung	Taste(n)	Anzeige	Eingabe	Bemerkung
$K_0 \rightarrow (0)$	B	0.00	K_0	B ≡ GSB B
$q_1 \rightarrow (1)$	R/S	0.00	n	
$q_2 \rightarrow (2)$	R/S	K_n		
$q_3 \rightarrow (3)$	R/S	p		
$q_4 \rightarrow (4)$				
$q_5 \rightarrow (5)$				
$n \leqslant 5 \rightarrow (8)$				
$q \rightarrow (9)$				

Bei der zweiten Lösung mit der indirekten Adressierung (Bild B.3.4.3) wird die Frage, ob n schon den vorgegebenen Wert erreicht hat, nur einmal gestellt und q in einer Schleife laufend vergrößert. Dadurch wird einerseits das Programm auf 33 Zeilen verkürzt, und andererseits ist eine Erweiterung auf z.B. 7 Jahre ohne die geringste Programmänderung möglich.

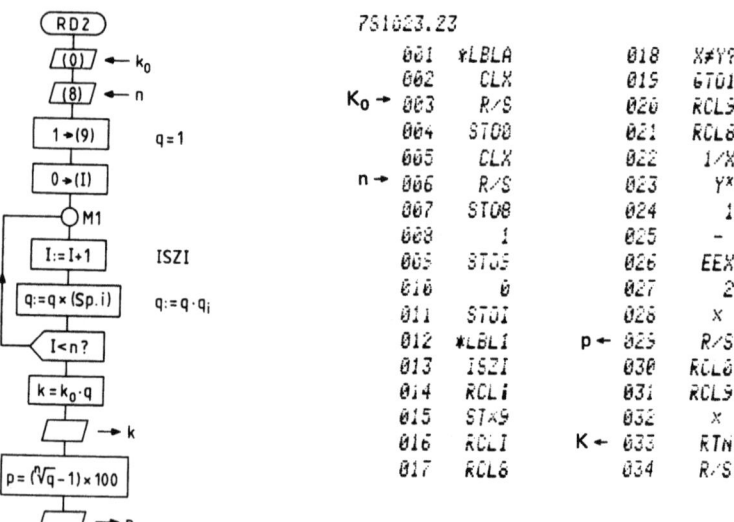

Bild B.3.4.3

Benutzeranleitung

Programm: 781023.23 |LBL| A
Länge: 33 Zeilen
Aufgabe: Kapital und Rendite bei variablem Zinssatz

Kurzzeichen: RD2
Rechner-Typ: HP 97

Speicherbelegung	Taste(n)	Anzeige	Eingabe	Bemerkung
$K_0 \rightarrow (0)$	A	0.00	K_0	
$q_1 \rightarrow (1)$	R/S	0.00	n	
$q_2 \rightarrow (2)$	R/S	p		
$q_3 \rightarrow (3)$	R/S	K_n		
$q_4 \rightarrow (4)$				
$q_5 \rightarrow (5)$				
$q_6 \rightarrow (6)$				
$q_7 \rightarrow (7)$				
$n \leq 7 \rightarrow (8)$				
$q \rightarrow (9)$				

Zahlenbeispiel: Bundesschatzbrief vom Oktober 1978 (gerechnet mit der zweiten Programmvariante)

p_1 = 3.25 % p_5 = 6.50 %
p_2 = 5.00 % p_6 = 6.75 %
p_3 = 5.50 % p_7 = 6.75 %
p_4 = 6.25 %

n			
	K_0	2.000,–	DM
2	K_2	2.168,25	DM
	p_2	4.12 %	
4	K_4	2.430,47	DM
	p_4	4.99 %	
7	K_7	2.949,69	DM
	p_7	5.71 %	

B.3.5 Übungsaufgaben

B.3.5.1 Berechnen Sie für $x \in \{0.5; 4; 1; 2; 0; 3\}$ die Werte der Funktion

$$y = \begin{cases} \dfrac{x^2}{4} & \text{für } 0 \leq x < 2; \\ \dfrac{2 \cdot x - 1}{x + 1} & \text{für } 2 \leq x. \end{cases}$$

(*Zusatz:* Die Eingabe eines negativen (nicht zulässigen) x-Wertes soll der Rechner durch Error anzeigen.)

B.3.5.2 Berechnen Sie

$$s = \sum_{k=1}^{n} (a_k + c) \cdot b_k^2; \quad r = \sqrt{c^2 + \sqrt{s}}; \quad p = \frac{c \cdot s}{1 + n}$$

für $n = 6$; $c = 1{,}9$ und

a_k	2.9	7.3	-4.7	0.87	-3.6	2.9
b_k	5.1	-4.9	6.3	1.23	4.1	-5.1

B.3.5.3 Von der Folge

$$a_n = \frac{3}{a_{n-1}} + \frac{\sqrt{a_{n-1}}}{n+1} \quad (n \in \mathbb{N})$$

sind die Folgenglieder a_5, a_{20}, a_{100} für $a_0 = 1, 2, 10$ zu berechnen.

B.3.5.4 Berechnen Sie die Zahl π aus den Reihendarstellungen

a) $\dfrac{\pi}{4} = 1 - \dfrac{1}{3} + \dfrac{1}{5} - \dfrac{1}{7} + \ldots + \dfrac{(-1)^{n+1}}{2n-1} + \ldots$

b) $\dfrac{\pi}{6} = \dfrac{1}{2} + \dfrac{1}{2} \cdot \dfrac{1}{3 \cdot 2^3} + \dfrac{1 \cdot 3}{2 \cdot 4} \cdot \dfrac{1}{5 \cdot 2^5} + \ldots + \dfrac{1 \cdot 3 \cdot \ldots \cdot (2n-1)}{2 \cdot 4 \cdot \ldots \cdot (2n)} \cdot \dfrac{1}{(2n+1) \cdot 2^{2n+1}} + \ldots$

Der Rechner soll die Rechnung solange fortsetzen, bis der neu berechnete Summenwert sich vom vorhergehenden um weniger als ϵ unterscheidet. Wählen Sie z.B. für a) $\epsilon = 0.01$ und für b) $\epsilon = 0.000001$. (Von den obigen Reihen konvergiert die erste sehr schlecht. Sie ist aber einfach zu programmieren, während die zweite Reihe schon einige Programmierfähigkeit voraussetzt. Versuchen Sie hier, für den Summenwert und für das Reihenglied Rekursionsformeln aufzustellen.)

B.3.5.5 Es ist ein Programm für die Berechnung der Summe $s_n = \sum_{k=1}^{n} a_k$ zu schreiben mit

1. $a_k = \dfrac{2.1 + b_k^2}{0.8 + b_k}$ für $b_k \leqslant a$

2. $a_k = 0$ für $b_k > a$ oder $b_k < 0$

Die Teilsummen s_k sind auszuschreiben. Dann ist der Zahlenwert $c = \dfrac{a + \sqrt{s_n}}{n}$ zu berechnen.

Zahlenbeispiel: $n = 6$; $a = 3.5$

b_k	4.72	2.83	1.46	5.90	3.50	3.14

B.3.5.6 Schreiben Sie ein Programm zur Berechnung von

$$p = a_1 \cdot a_2^2 \cdot a_3 \cdot a_4^2 \cdot a_5 \ldots a_{n-1} \cdot a_n^2 \quad (n \text{ gerade}) \quad \text{und} \quad q = \sqrt[n]{1 + |p|}.$$

Die Werte a_k sollen in der Reihenfolge $a_1, a_2, \ldots, a_n$ eingegeben werden. Testen Sie dieses Programm, und berechnen Sie damit p und q für

a_k	1.45	2.38	-0.84	1.12	-3.48	0.76	5.42	-1.92

B.4 Unterprogramme

In manchen Programmen treten bestimmte Anweisungsgruppen an verschiedenen Stellen in gleicher Form auf. Um Programmierarbeit und Speicherplatz zu sparen, ist es dann häufig sinnvoll, einen solchen Programmteil als „Unter"programm getrennt herauszuziehen. Es ist gewissermaßen als Hilfsprogramm dem Hauptprogramm „unter"geordnet. Bei der Ausführung des Hauptprogramms muß dabei Vorsorge getroffen werden, daß vor dem Sprung in das Unterprogramm die Adresse der Programmzeile festgehalten wird, mit welcher nach Ausführung des Unterprogramms das Hauptprogramm fortgesetzt werden soll. Diese Organisation wird veranlaßt durch den Sprungbefehl GSB (go to subroutine) und den Rücksprungbefehl RTN (return) am Ende des Unterprogramms. Schematisch ist dieser Sachverhalt in Bild B.4.0 dargestellt.

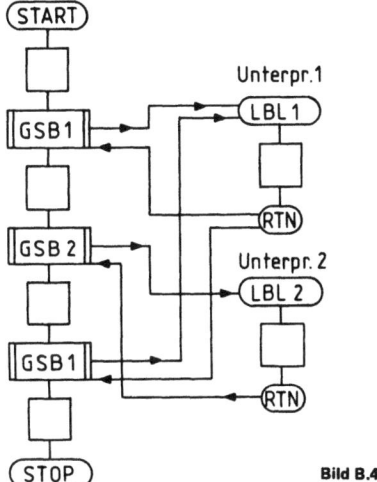

Bild B.4.0

B.4.1 Unterprogramme zur Berechnung von Funktionen

Wir zeigen die Wirkungsweise von Unterprogrammen am besten an einem Beispiel:
Es sollen die Funktionswerte

$y = \sinh(x) - 1/3 \cdot \sinh(x/2) + 1/5 \cdot \sinh(x/3) - 1/7 \cdot \sinh(x/4)$

für frei wählbare x-Werte berechnet werden.

Die hyperbolischen Funktionen lassen sich bei den hier beschriebenen Rechnern nicht durch einen einfachen Tastendruck (was gleichbedeutend mit dem Aufruf eines fest verdrahteten Unterprogramms ist) ermitteln. Wir gehen daher auf die Definitionsgleichung zurück

$\sinh(x) = 1/2 \cdot (e^x - e^{-x})$.

Wir schreiben zunächst das Unterprogramm mit der Adresse 2 (s. Zeile 28 bis 35):

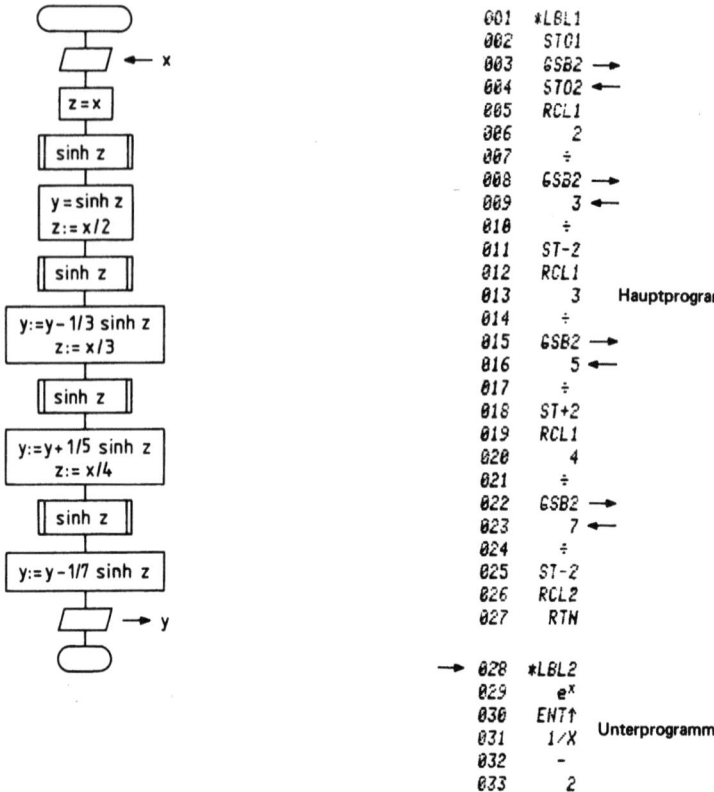

Benutzeranleitung

Programm: 781102.12 |LBL| 1
Länge: 35 Zeilen
Aufgabe: Berechnung einer Funktion mit Unterprogramm Hyperbelsinus
Kurzzeichen: B 4.1/HYP
Rechner-Typ: HP 97

Speicher-belegung	Taste(n)	Anzeige	Eingabe	Bemerkung
$x \to (1)$			x_1	
$y \to (2)$	GSB 1	y_1		
			x_2	
	GSB 1	y_2		
			usw.	

Wir zeichnen nun das Flußdiagramm und entwickeln daraus das Hauptprogramm mit dem Namen 1 (Zeilen 1 bis 27).

Aus der Benutzeranleitung ist zu entnehmen, daß das Hauptprogramm vom Tastenfeld aus mit dem gleichen Befehl gerufen wird wie ein Unterprogramm (GSB). Für den Ruf vom Tastenfeld aus sind demnach Hauptprogramm und Unterprogramm vollkommen gleichberechtigt.

Der Unterschied zu dem Ruf aus einem Hauptprogramm gegenüber dem Ruf vom Tastenfeld besteht darin, daß im ersten Fall die Programmausführung zurückspringt in das Hauptprogramm und dort die angefangene Rechnung fortsetzt, während im zweiten Fall das Programm bei der Anweisung RTN stehenbleibt (und die restlichen Rücksprungadressen löscht).

Ein geschriebenes Hauptprogramm kann demnach ohne jede weitere Änderung zum Unterprogramm deklariert werden, wenn es von einem anderen (jetzt übergeordneten) Hauptprogramm mit einem GSB-Befehl gerufen wird (und wie üblich mit RTN abgeschlossen ist).

B.4.2 Unterprogrammhierarchie

Man unterscheidet bei Unterprogrammen verschiedene Programmebenen. Im einfachsten Fall kann das Hauptprogramm mit dem Namen 0 das 1. Unterprogramm mit dem Namen 1 rufen. Dieses wieder kann das 2. Unterprogramm mit dem Namen 2 rufen usw. Man sagt, die Programme sind ineinander verschachtelt. Bei großen Rechenanlagen kann diese Verschachtelung meistens beliebig weit getrieben werden. Bei Taschenrechnern ist die Zahl der „Ebenen" begrenzt. Bei den hier besprochenen Typen sind maximal drei Unterprogrammebenen möglich.

Wichtig ist, daß jedes Unterprogramm mit dem Befehl RTN abgeschlossen wird und daß die Programmausführung dieses RTN auch erreicht. Ein „Herausspringen" aus einem Unterprogramm mit einem GTO-Befehl ist also normalerweise nicht erlaubt! Das möge an einem kleinen Programm, welches nur zur Veranschaulichung dieses Effektes dienen soll, gezeigt werden:

```
              011 *LBL1
       RTN    012    2
001 *LBL0     013  PRTX
002    1      014  CLX
003  PRTX     015  R/S
004  GSB1     016  X<0?
005    2      017  GTO2
006    X      018    2
007  PRTX     019    2
008 *LBL2     020  PRTX
009  PRTX     021  RTN
010   RTN     022  R/S
Programm 0   Programm 1
```

	Ausdruck 1	Ausdruck 2	Ausdruck 3
	DSP0		GSB0
	GSB0	GSB0	1.
	1.	1.	2.
	2.	2.	-5. R/S
① -5. R/S	② 5. R/S	③ -5. ***
	-5. ***	22.	22.
	-10. ***	44. ***	44. ***
	-10. ***	44. ***	44. ***

Verbotenes GTO in Zeile 17.

Ausdruck 1: GTO wird erreicht
Ausdruck 2: GTO wird übersprungen
Ausdruck 3: GSB statt GTO in Zeile 17 wird erreicht

Im ersten Fall (s. Ausdruck 1) wurde in Zeile 15 x = −5 eingegeben. Die Bedingung
x < 0 in Zeile 16 ist erfüllt. Die Programmausführung springt nun zur Marke 2 in Zeile 8.
In Zeile 9 wird −5 zum zweiten Male ausgedruckt. In Zeile 10 findet die Programmausführung das als Abschluß des Unterprogramms erwartete RTN, welches nun zur Fortsetzung des Hauptprogramms in Zeile 5 führt. Der x-Wert wird mit 2 multipliziert und gedruckt (Zeile 7) und nochmal gedruckt (Zeile 9). In Zeile 10 stoppt das Programm.
Der Ausdruck 2 zeigt den normalen Verlauf ohne unbedingten Sprungbefehl.

Wollte man mit dem Befehl in Zeile 17 erreichen, daß das Hauptprogramm bei Erreichen der Zeile 10 stoppen soll, so könnte man das durch Ersetzen des abschließenden RTN durch den Befehl R/S erreichen.

Beim nächsten *manuellen* Eintasten eines GSB-Befehls werden alle Rücksprungadressen gelöscht, so daß dann wieder eindeutige Verhältnisse vorliegen. (Der interessierte Leser möge in Zeile 17 den Befehl durch den ebenfalls verbotenen Befehl GSB 2 ersetzen und zeigen, daß dann der Ausdruck 3 entsteht.)

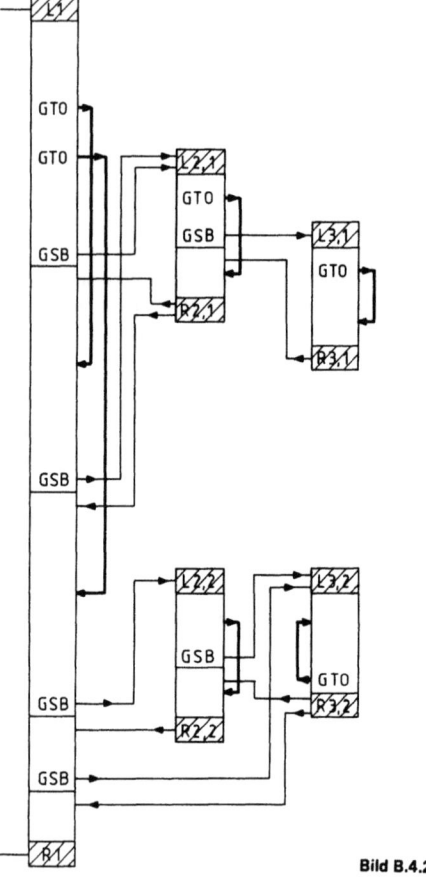

Bild B.4.2.1

In Bild B.4.2.1 ist schematisch gezeigt, welche unbedingten Sprünge zulässig sind. Man kann als Ergebnis kurz zusammenfassen: Unbedingte (GTO) Sprünge sind nur innerhalb eines Blocks zulässig. Ein Block ist dabei der Programmabschnitt zwischen dem Anfangs-Label und dem zugehörigen RTN (ohne die möglicherweise eingefügten Zwischenblocks!).

Der Vollständigkeit halber muß gesagt werden, daß der Programmierer mit unbedingten Sprunganweisungen GTO sich natürlich beliebig verschachtelte Programme aufbauen kann, bei denen dann aber die volle „Verantwortung" für den richtigen Ablauf bei ihm selber liegt.

B.4.3 Unterprogramme mit mehreren Ein- und Ausgängen

Das normale Unterprogramm beginnt mit LBL und dem Namen (0...9, dazu noch A...E, a...e bei den Typen 67 und 97) und endet mit RTN. Es ist aber auch möglich, Programme mit mehreren Eingängen und einem gemeinsamen Ausgang und Unterprogramme mit einem Eingang und mehreren Ausgängen zu schreiben. Zwei einfache Beispiele mögen zur Erläuterung dienen:

```
Eingang 2 → *LBL 2
            x²
Eingang 1 → *LBL 1
            CHS
            1
            +
            1/x
Ausgang ←   RTN
```

Beispiel 1: Bei einer Rechnung werden wiederholt die Ausdrücke $\frac{1}{1-x}$ und $\frac{1}{1-x^2}$ benötigt. Sie werden in einem gemeinsamen Unterprogramm gebildet mit den beiden Eingängen 1 für den 1. Ausdruck und 2 für den 2. Ausdruck. Das gemeinsame RTN gibt die Kontrolle ans Hauptprogramm zurück.

```
Eingang →   *LBL 3
            CLX
            R/S    ← x₁
            ↑
            R/S    ← x₂
            x ≤ y?
            GTO 4
            :
Ausgang 1 ← RTN
            LBL 4
            CHXY
            :
Ausgang 2 ← RTN
```

Beispiel 2: Von zwei beliebigen positiven Zahlen x_1 und x_2 soll das Verhältnis gebildet werden, und zwar immer so, daß das Ergebnis kleiner als 1 wird. Im „Normal"fall wird das Ergebnis über den Ausgang 1 zurückgegeben, im anderen Fall über den Ausgang 2.

Kombinationen zwischen beiden wären im Prinzip denkbar, sind aber wegen der Unübersichtlichkeit in der Regel abzulehnen.

Die Flexibilität der Programmiermöglichkeit mit einem Unterprogramm mit mehreren Ausgängen und mit Ausnutzung der Signalflaggen soll an dem folgenden Beispiel gezeigt werden:

Es soll eine Funktion f(x, k) gebildet werden, die sich als Summe von k + 1 Gliedern einer Reihe ergibt

$$F(x, k) = \sum_{i=0}^{k} s_i.$$

Das Einzelglied unter der Summe soll gebildet werden als das Produkt von i + 1 Gliedern einer Folge s_i = w(i) · P_i; w(i) ist dabei eine Wahlfunktion, die am Anfang des Programms „gesteuert" werden kann.

Das Einzelglied P_i der Summe s_i wiederum soll rekursiv gewonnen werden aus der Beziehung $P_i = P_{i-1} \cdot f(x, i)$.

Als konkretes Beispiel wählen wir f(x, i) = x/i und den Startwert P_0 = 1. Für die Wahlfunktion w(i) wählen wir zunächst den einfachsten Fall w(i) = 1. Die folgende Tabelle zeigt die Entstehung der Einzelwerte.

Tabelle B.4.3.1

n	f	P	w	s	F
0	0	1	1	1	1
1	x	x	1	x	1 + x
2	x/2	$x^2/2$	1	$x^2/2$	$1 + x + x^2/2$
3	x/3	$\frac{x^3}{3!}$	1	$\frac{x^3}{3!}$	$1 + x + \frac{x^2}{2!} + \frac{x^3}{3!}$
⋮					

Der Fachmann erkennt, daß es sich um die Reihenentwicklung der e-Funktion handelt

$$e^x = 1 + x + \frac{x^2}{2!} + \ldots + \frac{x^n}{n!} + \ldots$$

Die Wahlfunktion w(i) soll jetzt außer dem konstanten Wert 1 noch zwei weitere Möglichkeiten bieten. In einem Viererzyklus soll w einmal die Werte 1, 0, −1, 1 oder 0, 1, 0, −1 annehmen.

Im ersten Fall entsteht die Funktion aus der Summierung von $1 - \frac{x^2}{2!} + \frac{x^4}{4!} - + \ldots$ und im zweiten Fall aus der Summierung von $x - \frac{x^3}{3!} + \frac{x^5}{5!} - + \ldots$ Das sind die Reihenentwicklungen der cos- und sin-Funktionen.

Wir wenden uns zunächst dem Aufbau der Wahlfunktion zu. Es bietet sich an, sie durch ein Unterprogramm zu erzeugen, welches zwei FLAG-Signale benutzt und bei jedem „Durchlauf" nach der Abfrage des Wertes w(i) den nächsten Wert vorbereitet. Die zu verwendenden FLAGs haben die Bezeichnungen F0 und F1. Sind sie gesetzt, so wird das durch eine 1 gekennzeichnet, sind sie nicht gesetzt, erhalten sie den Wert 0. Die gezeichnete Bedingungstabelle (Wahrheitstabelle, Carnaugh-Diagramm) gibt die Zusammenhänge wieder (s. Tabelle B.4.3.2).

Tabelle B.4.3.2

i	F0	F1	w
0	0	0	1
1	0	1	0
2	1	0	−1
3	1	1	0

Es werden die folgenden Vereinbarungen über Kennzeichnungen im Zusammenhang mit dem Abfragen und dem Setzen bzw. Löschen von FLAGs getroffen:

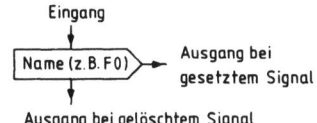

Signal F1 wird gesetzt

Bild B.4.3.1

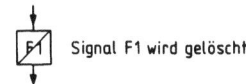

Signal F1 wird gelöscht

Die in der Bedingungstabelle angegebenen Zusammenhänge werden durch das folgende Flußdiagramm (Bild B.4.3.2) erfüllt, wenn zu Beginn beide FLAGs gelöscht sind.

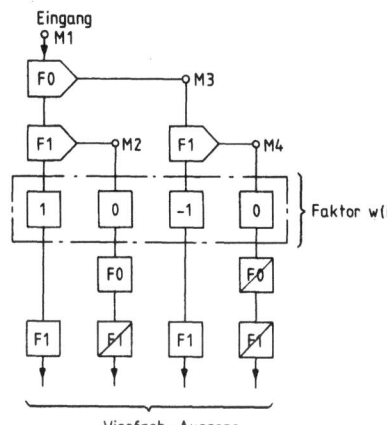

Bild B.4.3.2

Sind am Anfang beide FLAGs gesetzt, dann entsteht die zweite Funktion w(i), die mit dem Wert 0 beginnt, dann +1, 0 usw.

Nach dieser Vorarbeit kann das Flußdiagramm für die gesamte Lösung gezeichnet werden. Das Programm fragt nach der Zahl m der zu berücksichtigenden Glieder. Es fragt weiter ab, ob eine trigonometrische Funktion oder die e-Funktion gewählt wird. Für den ersten Fall fragt es, ob cos oder sin. Nach Durchführung der Rechnung erfolgt dann die Ausgabe des Funktionswertes.

Um den Zusammenhang zwischen Flußdiagramm und Programm besser zu verdeutlichen, sind an einzelnen Stellen des Flußdiagramms die Zeilennummern des Programms angeschrieben (s. Bild B.4.3.3).

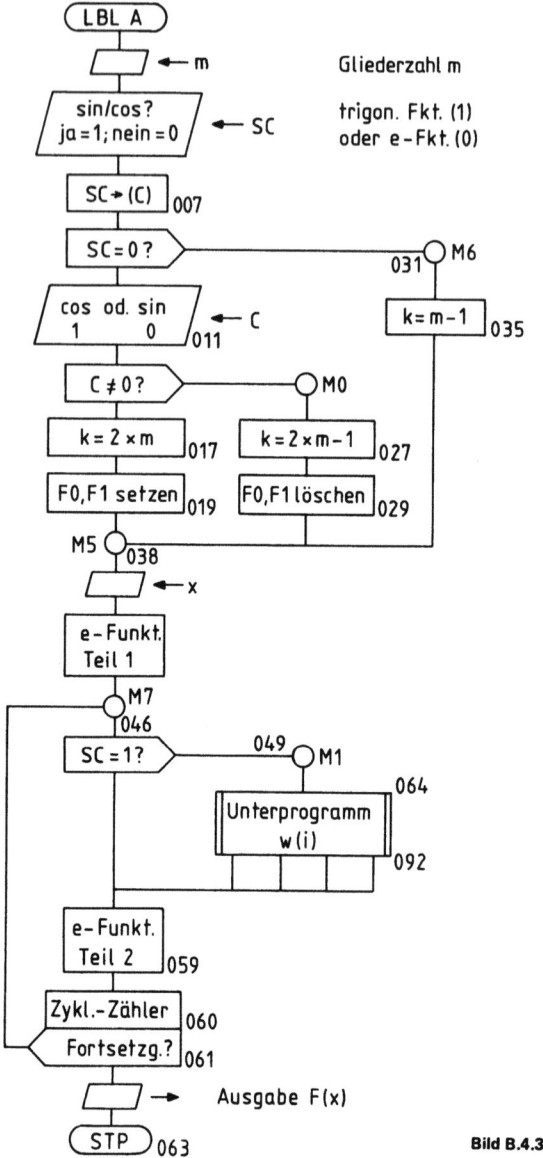

Bild B.4.3.3

Das zugehörige Programm hat dann die folgende Form:

001	*LBLA	031	*LBL6	064	*LBL1
002	CLX	032	RCLI	065	F0?
003	R/S	033	1	066	GT03
004	STOI	034	-	067	F1?
005	CLX	035	STOI	068	GT02
006	R/S	036	1	069	1
007	STOC	037	STOA	070	STOA
008	X=0?	038	*LBL5	071	SF1
009	GT06	039	1	072	RTN
010	CLX	040	STOI	073	*LBL2
011	R/S	041	0	074	0
012	X≠0?	042	STO4	075	STOA
013	GT00	043	STO2	076	SF0
014	2	044	R/S	077	CF1
015	RCLI	045	STO3	078	RTN
016	x	046	*LBL7	079	*LBL3
017	STOI	047	RCLC	080	F1?
018	SF0	048	X≠0?	081	GT04
019	SF1	049	GSB1	082	1
020	GT05	050	RCLA	083	CHS
021	*LBL0	051	RCL1	084	STOA
022	2	052	x	085	SF1
023	RCLI	053	ST+4	086	RTN
024	x	054	1	087	*LBL4
025	1	055	ST+2	088	0
026	-	056	RCL3	089	STOA
027	STOI	057	RCL2	090	CF1
028	CF0	058	÷	091	CF0
029	CF1	059	STx1	092	RTN
030	GT05	060	DSZI	093	R/S
		061	GT07		
		062	RCL4	Unterprogramm	
		063	RTN		

Hauptprogramm

In der Benutzeranleitung sind die erforderlichen Tasten- und Zahleneingaben für die drei Möglichkeiten der genäherten Ermittlung der Funktionen e^x, $\cos x$ und $\sin x$ durch Reihenentwicklung mit m Gliedern angegeben.

Benutzeranleitung

Programm: 781025.1992 [LBL] A
Länge: 92 Zeilen
Aufgabe: Reihe mit m Gliedern der Funktionen e^x, $\cos x$, $\sin x$

Kurzzeichen: ECS
Rechner-Typ: 97

Speicherbelegung	Taste(n)	Anzeige	Eingabe	Bemerkung
m, k → (I)	A	0.00	m	
SC → (C)	R/S	0.00	(SC =) 0	
G_i → (1)	R/S	0.00	x	
n = 0(1) k → (2)	R/S	$\sim e^x$		
x → (3)	A	0.00	m	
s_i, y → (4)	R/S	0.00	(SC =) 1	
	R/S	0.00	(C =) 1	
LBL; A,	R/S	0.00	x	
0, 1, 2, 3, 4, 5,	R/S	$\sim \cos x$		
6, 7	A	0.00	m	
	R/S	0.00	(SC =) 1	
	R/S	0.00	(C =) 0	
	R/S	0.00	x	
	R/S	$\sim \sin x$		

Zahlenbeispiele:

x	e^x	m	F (x, m)	Fehler
0.5	1.648721	4	1.625000	1.4598 %
1	2.718282	7	2.716667	0.0594 %

x	cos x	m	F (x, m)	Fehler
0.5	0.877583	4	0.877582	$0.11 \cdot 10^{-6}$
1	0.540302	5	0.540303	$0.51 \cdot 10^{-6}$

x	sin x	m	F (x, m)	Fehler
0.5	0.479426	3	0.479427	$3.22 \cdot 10^{-6}$
1	0.841471	4	0.841468	$3.25 \cdot 10^{-6}$

B.4.4 Übungsaufgaben

B.4.4.1 Im Beispiel des Abschnittes B.4.1 kann die Gleichung für ein Glied a_n der Summe geschrieben werden

$$a_n = \frac{1}{2n-1} \cdot \sinh\left(\frac{x}{n}\right).$$

Es ist ein Programm aufzustellen für die Bildung der Summe

$$s_n = \sum_{k=1}^{n} a_k \quad \text{mit} \quad a_k = \frac{1}{2k-1} \sinh\left(\frac{x}{k}\right) \cdot (-1)^{k-1}.$$

Für den Sonderfall $n = 4$ sind die Ergebnisse im Abschnitt B.4.1 zu bestätigen.

B.4.4.2 Für gegebene Zahlenpaare (x, y) sollen

$$z_1 = 2 \cdot \sqrt{x^2 + y^2} + \frac{1}{3} \cdot \sqrt{(x+1)^2 + y^2},$$

$$z_2 = \sqrt{(x+1)^2 + (y+1)^2} + \ln(1 + \sqrt{(x+1)^2 + y^2}),$$

$$z_3 = \sqrt{z_1^2 + z_2^2}$$

auf drei Nachkommastellen berechnet werden. Zahlenbeispiel (die ersten Wertepaare dienen als Test):

x	0	0	−1	2.74	−3.65	0.468
y	0	1	1	1.28	2.83	−0.702

B.4.4.3 Es ist ein Programm zu schreiben für die Reihenentwicklung der Funktion

$$\sin x = x - \frac{x^3}{3!} + \frac{x^5}{5!} - + \ldots \quad \frac{x^{2k-1}}{(2k-1)!} \cdot (-1)^{k-1} \ldots,$$

wobei die Zahl der Glieder frei wählbar sein soll. In einer Lösung a) sind die Glieder rekursiv aus dem vorhergehenden zu entwickeln. In einer Lösung b) ist der allgemeine Ausdruck zu programmieren und in einer m-Schleife der Wert zu berechnen.

B.4.4.4 Füllfaktor

Ein Kreisquerschnitt soll mit geschichteten Blechen gefüllt werden, die nur in gestuften Breiten vorhanden sind. Die Blechbreiten b sind dabei ein Vielfaches der Abstufung Δb. Die Daten Durchmesser D, Mindestbreite b_{min} und Stufung Δb werden in mm eingegeben.

Es sollen die Schichtdicken s für die einzelnen Blechbreiten b (Angabe in mm) und die Gesamtfläche A in m^2 und der Füllfaktor (Verhältnis der Fläche A zur Kreisfläche) berechnet (und ausgedruckt) werden.

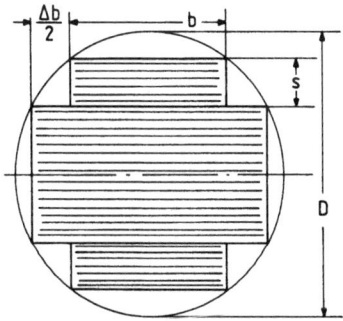

B.4.4.5 Kürzester Weg

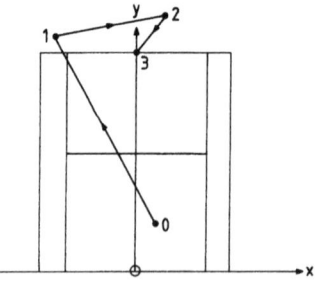

Ein Tennisspieler steht im Punkt 0 und muß
sich entscheiden, ob er auf dem Wege zum
Punkt 3 (mitte der Grundlinie) zunächst den
Ball im Punkt 2 aufnimmt oder umgekehrt.
Dieses scheinbar sehr einfache Problem erfordert erheblichen Programmieraufwand.
Hier einige Hinweise (für Typen 67, 97):
Die Koordinaten der einzelnen Punkte 0...3
werden in die Speicher 0; 10, 1; 11, 2; 12 und
3; 13 eingelesen (Ladeprogramm). Das Aufrufen eines Wertepaares geschieht mit einem
Unterprogramm. Ein übergeordnetes Unterprogramm ruft das 2. Wertepaar und speichert
beide Werte gleichzeitig durch Ausführung des Summenbefehls Σ^+. Dann ruft es das
1. Wertepaar und subtrahiert wiederum mit dem Summenbefehl Σ^- die beiden entsprechenden Werte. In den Speichern 16 und 14 stehen dann die Werte Σy und Σx, die
jetzt zur Ermittlung der Entfernung herangezogen werden. Die Entfernungen werden
summiert und schließlich die Summe ausgegeben. Ein übergeordnetes Hauptprogramm
legt die Reihenfolge: entweder 0−1−2−3 oder 0−2−1−3 fest. Nach Durchlaufen beider
Folgen kann entschieden werden, welcher Weg kürzer ist. Der Koordinatenursprung liegt
in der Feldmitte. Die Entfernungen werden in m angegeben. (z.B. (1; 2), (−4; 13),
(3; 14), (0; 12).)

B.5 Speichermedien und Druckerausgabe

B.5.1 Elektronische Speicherung

Die Rechner 19C und 29C (C für continuous) haben eine spezielle Art der Speicherung.
Programme und Daten bleiben im Rechner auch dann erhalten, wenn der Betriebsschalter
auf AUS gestellt ist. Das bietet für spezielle Anwendergruppen (z.B. Vermessungstechniker,
Monteure usw.) einerseits, aber auch für den Programmentwickler andererseits erhebliche
Vorteile. Wenn z.B. während der Entwicklung des Programms die Arbeit unterbrochen
werden muß, kann man nach beliebig langer Zeit sofort nach dem Einschalten an dieser
Stelle weiterarbeiten, ohne den bisherigen Teil wieder eintasten zu müssen. Das ist vor
allem bei längeren Programmen besonders vorteilhaft.

Andererseits gibt es Anwendergruppen, die bestimmte „Grundprogramme" dauernd zur
Verfügung haben müssen. So lassen sich z.B. die Berechnungen sämtlicher möglichen
Dreieckskombinationen mit einem Programm mit 94 Zeilen bearbeiten. Ist dieses Programm einmal „eingeschrieben", dann steht es damit immer zur Verfügung. Auch Zahlenwerte und wichtige Daten können in Speicherzellen eingegeben werden, die dann ebenso
sofort nach dem Einschalten verfügbar sind.

B.5.2 Magnetstreifen

Wesentlich vielseitiger ist natürlich die Speicherung von Programmen und Daten auf
Magnetstreifen, wie sie bei den Typen 67 und 97 angewendet wird. So können auf einem
Streifen Programme mit einem Gesamtumfang von 224 Programmzeilen gespeichert
werden und auf einem zweiten Streifen die Werte aller 26 Speicherzahlen. Der Anwender
kann sich so im Laufe der Zeit eine beliebig große Programmbibliothek aufbauen und
Programme vom Hersteller oder von anderen Anwendern übernehmen.

B.5.3 Drucker: Programme, Daten, Trace

Die Rechner 19C und 97 haben die Möglichkeit, Programme und Daten über Papierstreifen auszudrucken. Für die Ausgabe von Ergebnissen ist damit die „Speicher"möglichkeit beliebig groß. Auch das Aufbewahren von Programmausschriften wird dadurch wesentlich erleichtert, weil erfahrungsgemäß bei längeren Programmen doch ziemlich viel redigiert werden muß, bis sie zur Zufriedenheit arbeiten.

Eine besonders nützliche Möglichkeit ist dabei das Arbeiten in der Schalterstellung TRACE (nachspüren, verfolgen). Außer den Programmzeilen werden alle Zwischenergebnisse und Eingabewerte mit ausgedruckt. Das soll am Beispiel einer Dreiecksberechnung gezeigt werden. Gegeben seien die beiden Seiten b und c und der eingeschlossene Winkel α. Gesucht sind die fehlenden drei Größen a, β, γ. Zum Testen wird ein Dreieck mit glatten Zahlenwerten für die einzelnen Seiten benutzt (Bild B.5.3.1).

$\alpha \rightarrow$ (1)
(2) β
(3) γ
(A) a
b $\rightarrow$ (B)
c $\rightarrow$ (C)

Bild B.5.3.1

```
*LBL D           001  *LBLD
RCL 1  α         002   RCL1
RCL B  b         003   RCLB
TO R   p,h       004    →R
CHS              005    CHS
RCL C  c         006   RCLC
  +    q,h       007     +
TO P   a,β       008    →P
STO A            009   STOA
CHXY             010    X⇄Y
STO 2            011   STO2
RCL 1            012   RCL1
  +              013     +
CHS              014    CHS
1                015     1
8                016     8
0                017     0
  +              018     +
STO 3  γ         019   STO3
RTN              020    RTN
     Programm
```

```
                              GSBD
                        001  *LBLD
                        002   RCL1
              α  36.87  ***
                        003   RCLB
              b  11.00  ***
                        004    →R
              p   8.80  ***
                        005    CHS
                 -8.80  ***
                        006   RCLC
              c  20.00  ***
                        007     +
              q  11.20  ***
                        008    →P
              a  13.00  ***
                        009   STOA
                        010    X⇄Y
              β  30.51  ***
                        011   STO2
                        012   RCL1
                 36.87  ***
                        013     +
                 67.38  ***
      .75 TAN⁻¹         014    CHS
          STO1   -67.38 ***
    20.00 STOC          015     1
    11.00 STOB          016     8
 781128.2320            017     0
                        018     +
              γ 112.62  ***
                        019   STO3
                        020    RTN
   Zahlenbeispiel   TRACE-Ausdruck
```

Benutzeranleitung

Programm: 781128.2320 `LBL` D Kurzzeichen: SWS
Länge: 20 Zeilen Rechner-Typ: 97
Aufgabe: Dreiecksberechnung (2 Seiten und eingeschlossener Winkel)

Speicher-belegung	Taste(n)	Anzeige	Eingabe	Bemerkung
α → (1)			α	
β → (2)	STO 1	α	b	
γ → (3)	STO B	b	c	
a → (A)	STO C	c		
b → (B)	GSB D	γ		
c → (C)	RCL 2	β		
	RCL A	a		

Bei Bild B.5.3.1 ist unter dem Flußdiagramm und der Dreiecksskizze das Programm notiert und daneben der TRACE-Ausdruck für das gewählte Zahlenbeispiel. Es ist zu erkennen, daß so der ganze Ablauf deutlicher wird. Bei der Fehlersuche führt dieser Ausdruck zu erheblichen Zeiteinsparungen.

B.6 Besonderheiten der einzelnen Rechnertypen

B.6.1 Eigenschaften und Möglichkeiten

Die wichtigsten Besonderheiten der einzelnen hier beschriebenen Rechnertypen HP 19C, HP 29C, HP 67 und HP 97 werden im folgenden in einer Tabelle übersichtlich dargestellt (s. Tabelle B.6.1.1). Die Programme sind im wesentlichen ohne große Schwierigkeiten übertragbar, da durchweg eine einheitliche Programmier„sprache" benutzt wird. Die Magnetstreifen der Typen 67 und 97 sind direkt austauschbar (die Druckbefehle werden vom Typ 67 in zeitlich begrenzte Anzeigen verwandelt).

Beim Umschreiben der Programme 19, 29 auf 67, 97 muß beachtet werden, daß bei der Schleifenbildung die Befehle DSZ und ISZ sich im ersten Fall auf die Speicherzelle 0 beziehen, im zweiten aber auf die Zelle I.

Beim Umschreiben in umgekehrter Richtung muß weiter bedacht werden, daß dann die Adressen A...E, a...e nicht verfügbar sind und daß auch die Speicher 20...24 nicht direkt mit A...E adressiert werden können. Weiter können bei 19, 29 die Speicher 10...15 mit .0....5 direkt adressiert werden, während bei 67, 97 die Speicher 10...19 erst nach dem Austauschbefehl CHPS (Primär nach sekundär und zurück) direkt mit den Adressen 0...9 erreichbar sind. Die weiteren Einzelheiten können der Tabelle entnommen werden.

Tabelle B.6.1.1: Die wichtigsten Eigenschaften der beschriebenen Rechnertypen

	19C	29C	67	97
Standardfunktionen $+-\cdot$: sin, cos, tan und Umkehrfunktionen, e^x, 10^x, ln x, log x	•	•	•	•
Koordinatentransformation	•	•	•	•
Aufspaltung: Integer/Fraction	•	•	•	•
Vergleichsoperationen x mit y	4	4	4	4
Vergleichsoperationen x mit 0	4	4	4	4
Vergleichsoperationen FLAGs	–	–	4	4
XYZT-Rollbefehl abwärts	•	•	•	•
XYZT-Rollbefehl aufwärts	–	–	•	•
LASTx-Speicher	•	•	•	•
Summenstatistik	•	•	•	•
Mittelwert und Streuung	•	•	•	•
N!	–	–	•	•
%-Rechnung	1	1	2	2
Umwandlung Grad-Bogenmaß und umgekehrt	–	–	•	•
Speicher für Zahlen	30	30	26	26
Speicher für Programmzeilen	98	98	224	224
Speicherarithmetik $+-\cdot /$ mit Zellen direkt	15	15	10(20)	10(20)
mit Zellen indirekt	30	30	26	26
Speicherzellentausch 0...9/10...19	–	–	•	•
Mögliche Adressen	10	10	20	20
Programmspeicherung bei abgeschaltetem Rechner	•	•	–	–
Magnetstreifen für Programm und Daten	–	–	•	•
Streifendrucker für Zahlen und Programm	•	–	–	•
Fehlersuche(trace)	•	–	–	•
Aneinanderreihung von Programmen(merge)	–	–	•	•

B.6.2 Abkürzungen für Befehle

Die Bedeutung der einzelnen Tasten ist im allgemeinen gut verständlich. Auch bei Mehrfachtastung ist durch die Farbkennzeichnung die Eindeutigkeit gewahrt. In Anlehnung an die angelsächsische Schreibweise sind die Umkehrungen der trigonometrischen Funktionen sin, cos, tan mit $\sin^{-1}$, $\cos^{-1}$, $\tan^{-1}$ bezeichnet. Es muß zugegeben werden, daß die im deutschen Schrifttum übliche Bezeichnung arcsin usw. insofern nicht eindeutig ist, als sie vom Wort her vermuten läßt, daß es sich nur um das Bogenmaß des Winkels handeln kann, tatsächlich aber doch wohl einmal Bogenmaß, ein anderes Mal Gradmaß darunter verstanden wird. Wollte man Eindeutigkeit schaffen, dann könnte man neue Abkürzungen einführen, z.B. asin x für das Bogenmaß, wsin x für das Gradmaß und gsin x für das gon(Neugrad)maß. Da solche Verabredungen bisher nicht bestehen, soll in diesem Buch die Bezeichnung arcsin x entweder einen Winkel im Bogenmaß oder im Gradmaß darstellen. Die genaue Entscheidung muß dann aus den Randbedingungen des Problems entnommen werden.

Solange die Programme mit der Hand geschrieben werden oder vom Druckwerk des Rechners ausgegeben werden, gibt es mit der Schreibweise keine Probleme. Sollen sie aber auf einer normalen Schreibmaschine z.b. für eine Vervielfältigung geschrieben werden, dann erscheint das zunächst unmöglich. Auch für das Schreiben mit der Hand ist z.b. das Zeichnen von gegenläufigen Pfeilen etwas lästig. In der folgenden Tabelle (s. Tabelle B.6.2.1) sind daher in der ersten Spalte die Befehle so geschrieben, wie sie vom Druckwerk des HP 97 ausgegeben werden. In der zweiten Spalte sind Alternativen für die Schreibmaschine und für bequemere Handschreibung angegeben, die auch in diesem Buch benutzt werden. In der dritten Spalte sind außerdem noch Alternativen angegeben, die der Benutzer möglicherweise für seinen privaten Gebrauch übernehmen könnte, um das „Schreibproblem" mit der Maschine besser zu lösen.

Tabelle B.6.2.1

Rechner-ausdruck	Alternativen 1	2	Bedeutung
ENT ↑	ENT		x nach Y anheben
R ↓	RLD		Stapel abwärts schieben
R ↑	RUP		Stapel aufwärts schieben
X ⇆ Y	CHXY		(X) und (Y) vertauschen
P ⇆ S	CHPS		Primär- und Sekundär-Speicher vertauschen
X ⇆ I	CHXI		(X) und (I) vertauschen
D → R	DTOR		Umwandlung: Grad − rad
R → D	RTOD		Umwandlung: rad − Grad
→ P	TOP		x, y-Umwandlung in Polar-Koordinaten r, φ
→ R	TOR		x = r; y = φ-Umwandlung in rechtwinklige Koordinaten Division
÷	/ ; :		
×	* ; ·		Multiplikation
$\sqrt{x}$		SQRx	
SIN^{-1}	arcsin	asin, as.	Winkel in Grad- oder Bogenmaß
x < 0?		x ls. 0?	
x > 0?		x gt. 0?	
X ≤ 0?		x le. 0?	
x ≥ 0?		x ge. 0?	
π		PI	

C Programmbeispiele aus der Mathematik

In diesem Teil des Buches werden aus verschiedenen Gebieten einige Aufgaben zusammengestellt, deren Lösung z.T. von der Methode her, z.T. aber auch vom Inhalt her für den Leserkreis von Interesse sein dürfte. Außerdem werden noch manche Möglichkeiten und Feinheiten der Ausnutzung des Rechners erkennbar, die im ersten Teil aus Platzgründen fehlen mußten.

Beim Entwickeln eines Programms werden die Kenntnisse aus der Programmiertechnik, die im ersten Teil vermittelt wurden, vorausgesetzt. Der Abschnitt C kann nicht im entferntesten eine Programmsammlung sein, sondern es können nur einzelne Beispiele herausgegriffen werden, an denen der Leser lernen kann, wie ein Problem bearbeitet und in ein Programm umgesetzt werden kann. Der Leser wird bald erkennen, daß es bei der selbständigen Bearbeitung von Problemen unumgänglich ist, selber Programme herzustellen oder sie für den eigenen Bedarf zu variieren, denn daß ein vorhandenes Programm genau das Problem abdeckt, welches den Leser interessiert, ist meistens der Ausnahmefall.

Die meisten Programme wurden wegen der Einfachheit der Dokumentation mit dem HP 97 getestet und ausgedruckt. Sie lassen sich in der Regel auf die Typen 19, 29 umschreiben, wenn man beachtet, daß man die Speicheradressen I, A, B, C, D, E durch 0, .1, .2, .3, .4, .5 ersetzen muß. Nur bei Aufgaben, welche die Summentasten (Σ^+, Σ^-) benutzen oder bei denen Speicherverschiebungen vorgenommen werden, sind größere Änderungen erforderlich.

C.1 Zahlen

C.1.1 Pythagoreische Zahlentripel

a) Grundproblem
b) Tabelle mit Einschränkungen
c) Komprimierte Ausgabe

a) (a, b, c) wird ein pythagoreisches Zahlentripel genannt, wenn für die drei natürlichen Zahlen die Bedingung erfüllt ist $a^2 + b^2 = c^2$. a und b können als Längen der Katheten und c als Länge der Hypotenuse eines rechtwinkligen Dreiecks aufgefaßt werden. Bekannte Zahlentripel sind z.B. (3, 4, 5), (5, 12, 13), (7, 24, 25).

Mit zwei Laufzahlen $i = 1(1)i_{max}$ und $j = 1(1)j_{max}$ und der abgeleiteten Zahl $k = 2j - 1$ können jeweils drei Elemente eines Zahlentripels berechnet werden mit den Gleichungen

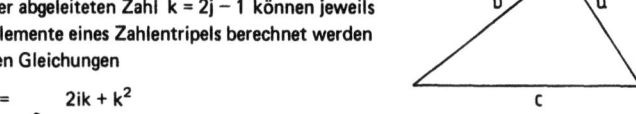

$a_{ij} = \quad 2ik + k^2$
$b_{ij} = 2i^2 + 2ik$
$c_{ij} = 2i^2 + 2ik + k^2$

Wie man leicht erkennt, ergibt sich mit $i = 1$ und $j = 1$ das oben schon angegebene Tripel (3, 4, 5).

Es soll jetzt zunächst das Kernprogramm geschrieben werden, welches bei gegebenen Werten für i und j die drei Komponenten a, b, c berechnet:

```
i → (1) man.          001  *LBL0        013   -
j → (2) man.          002  RCL2         014   STOA
k → (3)               003   2           015   LSTX
a → (A)               004   x           016    2
b → (B)               005   1           017    x
c → (C)               006   -           018    +
                      007  STO3         019   STOC
                      008  RCL1         020   RCL3
                      009   +           021   X²
                      010  X²           022    -
                      011  RCL1         023   STOB
                      012  X²           024   RTN
```

b) Das Programm soll nun erweitert werden. Es soll eine Tabelle gebildet werden, bei der i als Zeilennummer und j als Spaltennummer aufgefaßt wird. Es soll eine innere Schleife mit $j = 1(1)j_{max}$ und eine äußere Schleife mit $i = 1(1)i_{max}$ gebildet werden. Die Werte a, b, c, i, j sollen ausgedruckt werden. $i_{max} → (4)$; $j_{max} → (5)$. In den Zeilen 47, 48 ist eine Weiche eingebaut zum Übergang zur Lösung des nächsten Abschnittes c).

```
025  *LBL1
026  DSP0      044  GTO2
027    0       045  *LBL4        062  *LBL5       079   +
028  STO1      046  GSB0         063  RCLC        080  RCL1
029  *LBL2     047  F1?          064   1          081   1
030    0       048  GTO5         065   0          082   0
031  STO2      049  RCLA         066   0          083   ÷
032    1       050  PRTX         067  X≤Y?        084   +
033  ST+1      051  RCLB         068  GTO3        085  RCL2
034  RCL4      052  PRTX         069  RCLA        086   i
035  RCL1      053  RCLC         070  EEX         087   0
036  X>Y?      054  PRTX         071   6          088   0
037  R/S       055  RCL1         072   x          089   ÷
038  *LBL3     056  PRTX         073  RCLB        090   +
039    1       057  RCL2         074  EEX         091  DSP2
040  ST+2      058  PRTX         075   3          092  PRTX
041  RCL5      059  SPC          076   x          093  GTO3
042  RCL2      060  GTO3         077   +          094  RTN
043  X>Y?      061  RTN          078  RCLC        095  R/S
```

_____   _____

Programmteil zu b)   Zusatz für c)

Benutzeranleitung

Programm: 781211.1694 [LBL] 0, 1, 2, 3, 4, 5 Kurzzeichen: Pyt. Z.
Länge: 94 Zeilen Rechner-Typ: 67, 97
Aufgabe: Ermittlung von pythagoreischen Zahlentripeln

Speicher-belegung	Taste(n)	Anzeige	Eingabe	Bemerkung
i → (1)			i	Lösung a)
j → (2) k → (3)	STO 1	i	j	
a → (A)	STO 2	j	−	
b → (B) c → (C)	GSB 0			
	RCL A	a		
	RCL B	b		
	RCL C	c		
i_{max} → (4)			i_{max}	
j_{max} → (5)	STO 4	i_{max}	j_{max}	Lösung b)
	STO 5	j_{max}		
	CLF 1	j_{max}		
	GSB 1	a, b, c, i, j		Tabelle
			i_{max}	Lösung c)
	STO 4	i_{max}	j_{max}	
	STO 5	j_{max}		
	STF 1	j_{max}		Tabelle mit komprimierten Werten
	GSB 1	a, b, c, i, j		

c) Komprimierte Datenausgabe
Bei der Lösung b) wurden für die Ausgabe eines Tripels 5 + 1 Zeilen benötigt. Um den Platzbedarf erheblich zu reduzieren, soll jetzt ein kleiner Kunstgriff angewendet werden. Es wird a mit 10^6, b mit 10^3 multipliziert und zu c addiert. Das Zahlentripel (3, 4, 5) erscheint dann wie 3004005. Jetzt werden noch die beiden Laufzahlen i durch 10 und j durch 100 geteilt und addiert. Alle fünf Größen erscheinen dann in einer Zeile, z.B. 3004005.11
a b c i j

Aufgabe: Das Programm ist so abzuändern, daß der Ausdruck in dieser Form erscheint. Weiter soll eine Begrenzung vorgenommen werden c < 100. Im Programm wird in der Zeile 47 abgefragt, ob FLAG 1 gesetzt ist. Wenn ja, wird die komprimierte Ausschrift durchgeführt mit der Nebenbedingung c < 100. Wenn nein, werden die einzelnen Tripel blockweise innerhalb des durch i_{max} (Sp. 4) und j_{max} (Sp. 5) angegebenen Feldes ausgedruckt.

					GSB1
3.	***	5. ***	7. ***		
4.	***	12. ***	24. ***	3004005.11	***
5.	***	13. ***	25. ***	15008017.12	***
1.	***	2. ***	3. ***	35012037.13	***
1.	***	1. ***	1. ***	63016065.14	***
				5012013.21	***
15.	***	21. ***	27. ***	21020029.22	***
8.	***	20. ***	36. ***	45028053.23	***
17.	***	29. ***	45. ***	77036085.24	***
1.	***	2. ***	3. ***	7024025.31	***
2.	***	2. ***	2. ***	27036045.32	***
				55048073.33	***
35.	***	45. ***	55. ***	9040041.41	***
12.	***	28. ***	48. ***	33056065.42	***
37.	***	53. ***	73. ***	65072097.43	***
1.	***	2. ***	3. ***	11060061.51	***
3.	***	3. ***	3. ***	39080089.52	***
				13084085.61	***

Ausdruck mit Programm nach b)   mit Programm nach c)

C.1.2 Größter gemeinsamer Teiler

Als größten gemeinsamen Teiler der beiden natürlichen Zahlen n und m (kurz: ggT (n, m)) bezeichnet man die größte Zahl, die sowohl Teiler von n als auch Teiler von m ist. Es soll ein Programm zur Berechnung des ggT (n, m) geschrieben werden.

Für n > m gilt offensichtlich ggT (n, m) = ggT (n − m, m). Hiermit läßt sich der größte gemeinsame Teiler nach dem Euklidischen Algorithmus so ermitteln:
m wird so oft von n subtrahiert, bis ein Rest r_1 < m bleibt. Ist r_1 = 0, so ist ggT (n, m) = m. Für $r_1 \neq 0$ wird r_1 so oft von m subtrahiert, bis ein Rest r_2 < r_1 bleibt. Ist r_2 = 0, so ist ggT (n, m) = r_1 usw.

Zur Erläuterung diene das folgende Beispiel für n = 84 und m = 35: 84 − 35 = 49 > 35, 49 − 35 = 14 < 35, 35 − 14 = 21 > 14, 21 − 14 = 7 < 14, 14 − 7 = 7 < 14, 7 − 7 = 0, also ggT (84, 35) = 7.

Bei der Lösung dieses Problems wird der Vorteil des (verborgenen) Speichers LASTx besonders deutlich. Die Entscheidung, ob der Rest kleiner ist als die kleinste der beiden Zahlen (im X-Register), kann durch Rückruf der kleinsten sehr schnell getroffen werden. Nur von dieser Entscheidung hängt es ab, ob die Inhalte der beiden Speicher X und Y vertauscht werden müssen oder nicht.

Am Anfang werden die beiden Zahlen n und m manuell in Y und X gespeichert und dann das Programm 1 gerufen.

1 *LBL 1		
2 −		
3 x = 0?		
4 gto 2		
5 last x		
6 x < y?		
7 gto 1		
8 chxy		
9 gto 1		
10 LBL 2		
11 last x		
12 RTN		

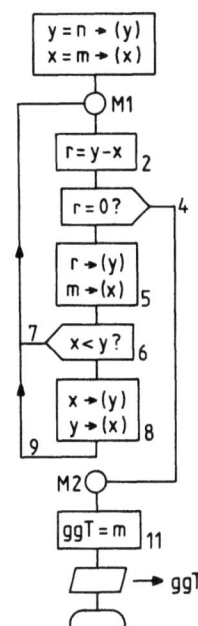

Zahlenbeispiele:

n	m	ggT
84	35	7
20	12	4
374	231	11
452	184	4
1023	581	1
7803	2046	3
95139	54033	93

C.1.3 Strichliste (Octal- und Binärzahlen)

Es soll die folgende Aufgabe gelöst werden: Die Anwesenheit eines Lehrers in der Schule (5 Tage in der Woche mit maximal 6 Stunden) soll möglichst einfach durch eine Zahl dargestellt werden, die einerseits vom Rechner ausgedruckt, andererseits aber auch wieder in eine Strichliste rückverwandelt werden kann. Wir verwenden dafür Octalzahlen und Binärzahlen. Die im Bild gezeichnete Strichliste wird in 5 Zeilen (jeweils 1 Tag) zerlegt und jede Zeile nochmal in zwei Hälften (je 3 Stunden). Die Kombination von drei Markierungen (anwesend = Kreuz oder 1, nicht anwesend = Strich oder 0) wird nun als Binärzahl aufgefaßt.

101 bedeutet dann $1 \cdot 2^0$ letzte Ziffer
  $+ 0 \cdot 2^1$ mittlere Ziffer
  $+ 1 \cdot 2^2$ erste Ziffer = 5

Mit drei Binärstellen lassen sich die Zahlen 0...7 darstellen. Wählt man als Basis eines Zahlensystems die 8, dann nennt man die so dargestellten Zahlen Octalzahlen im Gegensatz zu den üblichen Dezimalzahlen auf der Basis 10. 67 als Octalzahl bedeutet dann $7 \cdot 8^0 + 6 \cdot 8^1$. Wenn wir die einzelnen Ziffern der Octalzahl binär darstellen, dann erhalten wir

  octal 6.7 → 110.111 binär.

Das ist aber praktisch schon die Strichliste für einen Tag.

Die linke Octalziffer ist das Kurzzeichen für die erste Hälfte des Tages und die rechte Ziffer für die zweite Hälfte. Um eine ganze Woche darzustellen, schreiben wir die zweiziffrige Octalzahl für Montag vor das Komma, und die für die anderen Tage hinter das Komma, so daß eine zehnstellige Zahl entsteht, die mit einem Druckbefehl ausgedruckt werden kann. Die Zahl für die im Bild C.1.3 gezeichnete Liste würde dann lauten

67.36737774.

Wir nennen sie die Kennziffer des Lehrers.

Es soll nun ein Programm entwickelt werden, welches diese Kennziffer „dechiffriert" und in eine Strichliste rückübersetzt. Dafür müssen zunächst jeweils zwei Ziffern der Octalzahl abgespalten werden. Die so erhaltenen beiden Ziffern werden dann in 3 + 3 Binärziffern umgewandelt und ausgedruckt.

1. Ebene	$Z2 = INT (KZ)$ $KZ := FRC (KZ) \cdot 100$	Programm 3	5mal
2. Ebene	a) $Z_{11} = INT (Z2/10)$ $Z_{12} = FRC (Z2/10) \cdot 10$	U-Programm 7	1mal 1mal
3. Ebene	b) $B_i = FRC (Z_{12}/2) \cdot 10^{i-1}$ $Z_{12} := INT (Z_{12}/2)$ $i := i + 1$	UU-Programm 0 + UUU-Programm 6	3mal
	a) $B_i = FRC (Z_{11}/2) \cdot 10^{i-1}$ $Z_{11} := INT (Z_{11}/2)$ $i := i + 1$		3mal

Die Zerlegung findet in drei Ebenen statt. In der ersten Ebene wird fünfmal nacheinander von der Kennziffer KZ jeweils eine zweistellige Octalzahl Z2 abgespalten. In der zweiten Ebene wird diese Zahl nochmal wieder in zwei Einzelziffern (Z_{11} die linke, Z_{12} die rechte) zerlegt. In der dritten Ebene schließlich werden diese beiden Einzelziffern nacheinander in die drei Binärkomponenten zerlegt, die in einer Sammelzelle durch Zehnerpotenzen getrennt aufsummiert werden. Die weiteren Einzelheiten können dem Programm direkt entnommen werden.

Tag \ Std	1	2	3	4	5	6	zugehörige Octalzahl
Mo	x	x	–	x	x	x	67
Di	–	x	x	x	x	–	36
Mi	x	x	x	–	x	x	73
Do	x	x	x	x	x	x	77
Fr	x	x	x	x	–	–	74

Kennziffer: KZ = 67.36737774

```
                           GSB1
                67.36737774 ***
                   110111. ***
                    11110. ***
                   111011. ***
                   111111. ***
                   111100. ***
```

Rechnerausdruck

Bild C.1.3 Ausgangsliste und Kennziffer

```
001  *LBL1       011  *LBL3       031  *LBL7       049  *LBL0       068  *LBL6
002   1          012   0          032  RCL4        050   0          069  RCL9
003   0          013  ST07        033  RCL6        051  ST05        070   2
004  ST06        014  RCL3        034   ÷          052  *LBL9       071   x
005   5          015  INT         035  FRC         053   3          072  RCL6
006  ST02        016  ST04        036  RCL6        054  ST01        073  RCL5
007  DSP8        017  LSTX        037   x          055  *LBL8       074   Yˣ
008  RCL3        018  FRO         038  ST08        056  RCL8        075   x
009  PRTX        019  EEX         039  GSB0 ⇌     057   2          076  ST+7
010  DSP0        020   2          040  RCL4        058   ÷          077   1
     Vorbereitung 021   x         041  RCL6        059  FRC         078  ST+5
                 022  ST03        042   ÷          060  ST09        079  RTN
                 023  GSB7 ⇌     043  INT         061  LSTX        080  R/S
                 024   1          044  ST08        062  INT
                 025  ST-2        045  GSB9 ⇌     063  ST08
                 026  RCL2        046  RCL7        064  GSB6 ⇌
                 027  X≠0?        047  PRTX        065  DSZI
                 028  GT03        048  RTN         066  GT08
                 029  SPC                           067  RTN
                 030  RTN         2. Ebene
     1. Ebene                                      3. Ebene
```

Benutzeranleitung: KZ; STO 3; GSB 1.

C.1.4 Schultest (Klassenarbeit mit Auswahlantworten)

In einem Test mit vorformulierten Antworten braucht der Schüler aus einer Gruppe von z.b. jeweils fünf Antworten nur die Antwort anzukreuzen, die nach seiner Meinung richtig ist. Dabei ist es nicht notwendig, daß die Zahl der zur Auswahl stehenden Antworten immer konstant ist.

Es soll ein Programm geschrieben werden, welches es ermöglicht, die Schülerantworten über Tasten einzugeben. Nach Eingabe der letzten Antwort, soll ein „Protokoll" ausgedruckt werden, welches dem Schüler sofort bescheinigt, welche seiner Antworten richtig und welche falsch waren. Außerdem soll für den Lehrer für jede Aufgabe getrennt eine Aufsummierung der richtig und falsch gelösten Aufgaben vorgenommen werden, die ihm einen Überblick über den Schwierigkeitsgrad verschafft.

Es werden die folgenden Abkürzungen benutzt:

Zahl der Aufgaben	N
Nummer der Aufgabe	k
Zahl der maximal möglichen Antworten	M
Zahl der Schüler	S
Nummer des Schülers	i
Geordnete Menge der Schülerlösungen	SL
Geordnete Menge der Lehrerlösungen	LL

Die Lösung des Problems ist grundsätzlich einfach. Die Daten der Schüler werden nacheinander „abgearbeitet". Jedes Element der Schülerlösungen wird mit dem zugehörigen Element der Lehrerlösungen verglichen. Decken sie sich, ist die Lösung richtig, sonst falsch. Bei 0 wurde sie nicht bearbeitet. Zur Kennzeichnung, ob eine Aufgabe richtig oder falsch gelöst wurde, wurde hier einfach das Vorzeichen herangezogen. 2 heißt z.B., daß die Aufgabe 2 richtig gelöst wurde, −3 heißt, die Aufgabe 3 wurde falsch beantwortet. Eine Null an der vierten Stelle der Liste heißt, daß die Aufgabe 4 nicht bearbeitet wurde.

Die Aufsummierung der Werte für den Lehrer wurde nach Aufgabennummern geordnet. Zur Vereinfachung der Protokollführung werden in einer Zeile wieder alle Werte für eine Aufgabe zusammengefaßt und nur durch Zehnerpotenzen getrennt. An einem Beispiel ist das am leichtesten zu erkennen:

Die Zahl Z_k = 2006004.3

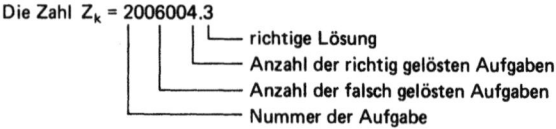

bedeutet, daß von allen Schülern zusammen für die Aufgabe 2 sechs falsche und vier richtige Lösungen abgegeben wurden. Die richtige Lösung mußte 3 heißen.

Mit Hilfe eines Beispiels mit acht Schülern und sechs Aufgaben und des Flußdiagramms soll die Arbeitsweise des Programms vorgeführt werden:

Aufg. Nr.	1	2	3	4	5	6
Schl. Nr.						
1	1	2	3	4	5	1
2	2	−	3	−	5	1
3	3	4	3	1	−	1
4	3	4	3	1	5	2
5	−	2	−	1	−	1
6	1	4	3	3	4	−
7	−	−	3	1	−	1
8	2	4	3	1	−	1
Lehrer	2	4	3	1	5	1

Die Aufgabennummern sind mit den Speicherzellen identisch. Im ersten Teil C wird die Zahl der Aufgaben eingegeben, und in einem Zyklus werden die Lehrerlösungen eingegeben und als erste Ziffer hinter dem Komma gespeichert.

Für jeden Schüler (Zahl praktisch unbegrenzt) wird nach dem Aufruf des Programms A seine Nummer eingegeben und dann die Lösungen der Reihe nach, die ebenfalls durch 10 geteilt und dann sofort mit der Lehrerlösung verglichen werden. Es ist bemerkenswert, daß es möglich ist, mit den Zahlen hinter dem Komma einen Vergleich auszuführen und unabhängig davon vor dem Komma die Zahlen für die Statistik aufzubauen. Der Bedarf an Speicherzellen ist daher nur um zwei größer als die Zahl der Aufgaben! Ist die Eingabe beendet, dann holt sich der Lehrer mit dem Programm B die Daten für die Statistik und erkennt z.B. sofort, daß die Aufgabe 3 zu leicht war, da sie siebenmal richtig und keinmal falsch beantwortet wurde.

Programm C.1.4 a, b, c

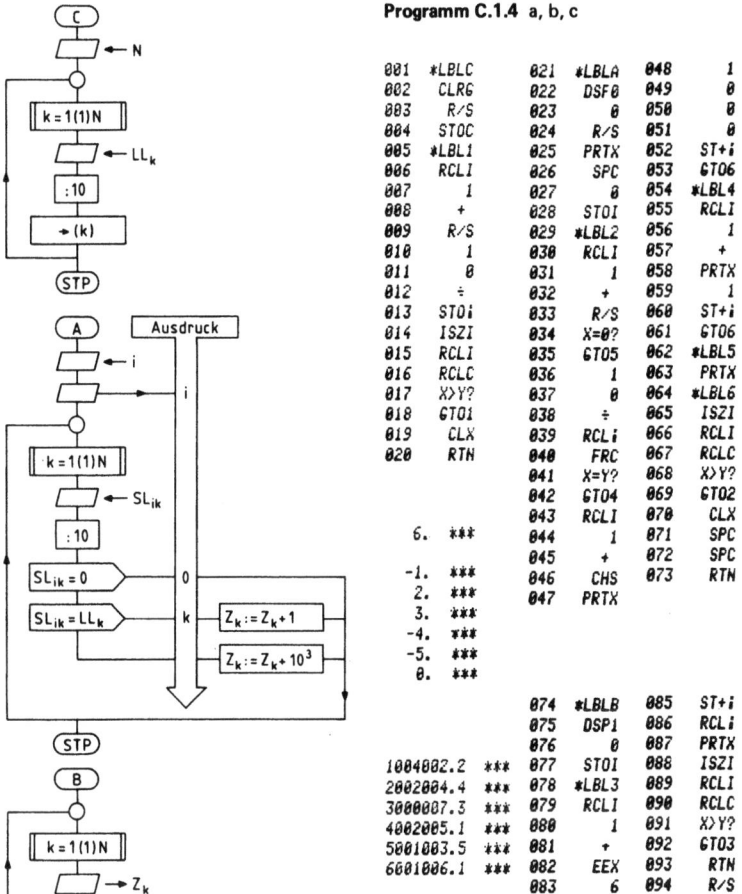

Bild C.1.4 a, b, c

```
001  *LBLC      021  *LBLA      048    1
002   CLRG      022   DSF0      049    0
003    R/S      023     0       050    0
004   STOC      024    R/S      051    0
005  *LBL1      025   PRTX      052   ST+i
006   RCLI      026    SPC      053   GTO6
007     1       027     0       054  *LBL4
008     +       028   STOI      055   RCLI
009    R/S      029  *LBL2      056    1
010     1       030   RCLI      057    +
011     0       031     1       058   PRTX
012     ÷       032     +       059    1
013   STOi      033    R/S      060   ST+i
014   ISZI      034   X=0?      061   GTO6
015   RCLI      035   GTO5      062  *LBL5
016   RCLC      036     1       063   PRTX
017   X>Y?      037     0       064  *LBL6
018   GTOi      038     ÷       065   ISZI
019    CLX      039   RCLi      066   RCLI
020    RTN      040    FRC      067   RCLC
                041   X=Y?      068   X>Y?
                042   GTO4      069   GTO2
                043   RCLi      070    CLX
         6.  ***   044     1       071    SPC
                045     +       072    SPC
        -1.  ***   046    CHS      073    RTN
         2.  ***   047   PRTX
         3.  ***
        -4.  ***
        -5.  ***
         0.  ***

                            074  *LBLB   085   ST+i
                            075   DSP1   086   RCLi
                            076     0    087   PRTX
1004002.2  ***   077   STOI   088   ISZI
2002004.4  ***   078  *LBL3   089   RCLI
3000007.3  ***   079   RCLI   090   RCLC
4002005.1  ***   080     1    091   X>Y?
5001003.5  ***   081     +    092   GTO3
6001006.1  ***   082    EEX   093    RTN
                            083     6    094    R/S
                            084     x
```

C.2 Berechnung ebener Dreiecke

Berechnungsgrundlage sind die drei Gleichungen

(1) $\alpha + \beta + \gamma = 180°$

(2) $\dfrac{a}{\sin \alpha} = \dfrac{b}{\sin \beta} = \dfrac{c}{\sin \gamma}$ (Sinussatz)

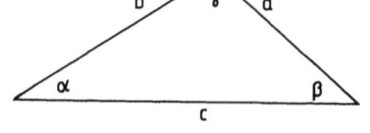

(3) $c^2 = a^2 + b^2 - 2ab \cos \gamma$ (Cosinussatz)

Bezeichnet man mit S eine Seite und mit W einen Winkel, dann gibt es die fünf Grundtypen SSS, SWS, SSW, SWW, WSW. Der zweite Typ SWS wurde bereits im Beispiel B.2.9.2 behandelt und eine noch einfachere Lösung im letzten Beispiel zum Abschnitt B.1.6.2 angegeben. Die letzten beiden Typen SWW und WSW sind völlig unproblematisch. Es sollen hier daher nur die beiden Fälle SSS und SSW programmiert werden.

C.2.1 Cosinussatz

Aus dem cos-Satz ergibt sich

$$\cos \alpha = \dfrac{a^2 - b^2 - c^2}{-2bc} = \dfrac{2a^2 - (a^2 + b^2 + c^2)}{-2bc}.$$

Mit den Hilfsgrößen $d = (a^2 + b^2 + c^2)/2$; $e = abc$ kann man schreiben

$\cos \alpha = -a(a^2 - d)/e$,
$\cos \beta = -b(b^2 - d)/e$ usw.

Diese Gleichung läßt sich in einem Unterprogramm leicht bearbeiten, so daß nach einer kleinen Vorarbeit ein einfaches Programm entsteht. Es wird davon ausgegangen, daß die drei Seiten manuell in die Speicher eingegeben werden.

a → (A); b → (B); c → (C); GSB C: α → (1); β → (2); γ → (3); d → (D); e → (E).

001 *LBLC	010 RCLB	019 RCLA	
002 RCLA	011 X²	020 GSB1	030 ENT↑
003 RCLB	012 RCLC	021 STO1	031 X²
004 RCLC	013 X²	022 RCLB	032 RCLD
005 x	014 +	023 GSB1	033 –
006 x	015 +	024 STO2	034 x
007 STOE	016 2	025 RCLC	035 RCLE
008 RCLA	017 ÷	026 GSB1	036 ÷
009 X²	018 STOD	027 STO3	037 CHS
		028 RTN	038 COS⁻¹
		029 *LBL1	039 RTN

Vorbereitung   Rechnung

C.2.2 Sinussatz

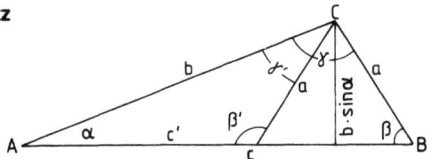

Voraus-setzung	eindeutige Lösung möglich	keine Lösung möglich	zwei Lösungen möglich	singuläre Lösung
$\alpha \geqslant 90°$	a > b	a ≤ b	—	—
$\alpha < 90°$	a > b	a < b·sin α	b·sin α < a < b	a = b·sin α

Der Fall WSS enthält einige Probleme. Aus der Tabelle ist ersichtlich, daß es Bereiche gibt ohne Lösungsmöglichkeit, mit einer eindeutigen Lösung, mit zwei Lösungen und außerdem eine singuläre Lösung (Doppellösung mit gleichen Werten). Faßt man die singuläre Lösung als Grenzfall des Bereichs mit zwei Lösungen auf, dann muß das Programm fünf Fälle unterscheiden.

Im Programm wird zunächst die Bedingung a > b geprüft. Ist sie erfüllt, gibt es eine eindeutige und einfache Lösung. Ist sie nicht erfüllt, dann muß zunächst geprüft werden, ob $\alpha > 90°$. Für diesen Fall wird das Programm mit Error gestoppt. Die letzte noch fehlende Bedingung a ⩾ b sin α braucht nicht besonders geprüft zu werden, weil in der Berechnung von β für den Fall, daß diese Bedingung nicht eingehalten wird, ein Wert sin β > 1 erscheint, der beim Rechner automatisch zu einer Error-Anzeige führt.

An dieser Stelle soll noch eine andere Bemerkung eingefügt werden: Bei Dreiecksberechnungen kommt es häufig vor, daß man die Ergänzung zu 180° (Supplementwinkel) oder zu 90° (Komplementwinkel) braucht. Wir wollen hierfür jeweils zwei Unterprogramme schreiben, bei denen davon ausgegangen wird, daß zu Beginn der Winkel und am Ende sein Supplement bzw. Komplement im Speicher (X) steht.

```
LBL 1      LBL 2     LBL 3     LBL 4
CHS        cos       CHS       sin
1          CHS       9         cos⁻¹
8          cos⁻¹     0         RTN
0          RTN       +
+                    RTN
RTN
```

Die Unterprogramme 1 und 3 stellen die „normale" Form dar. Für den Fall, daß man sich nur im 1. und 2. bzw. nur im 1. Quadranten bewegt, sind die zusätzlichen Lösungen 2 und 4 interessant. Im Unterprogramm 2 wurde der cos des Winkels gebildet, das Vorzeichen umgekehrt und dann wieder der Winkel berechnet. Man spart hierbei zwei Programmschritte. Ähnlich ist es beim Programm 4. Es wird der sin gebildet und als cos des Komplementwinkels aufgefaßt.

Die Programme 2 und 4 sind weniger „durchsichtig" als 1 und 3. Sie benötigen sicher auch etwas mehr Rechenzeit. Andererseits sind sie unabhängig vom gewählten Winkelmaß (Altgrad oder Neugrad) und kürzer. Dem Leser werden damit zwei neue Möglichkeiten angeboten (s. Zeile 12...14 des folgenden Programms).

Der Ablauf der Dreiecksberechnung ist aus dem Flußdiagramm zu erkennen. Die Eingangsgrößen werden manuell vor dem Starten eingegeben. Vorher sollte sicherheitshalber CL REG getastet werden.

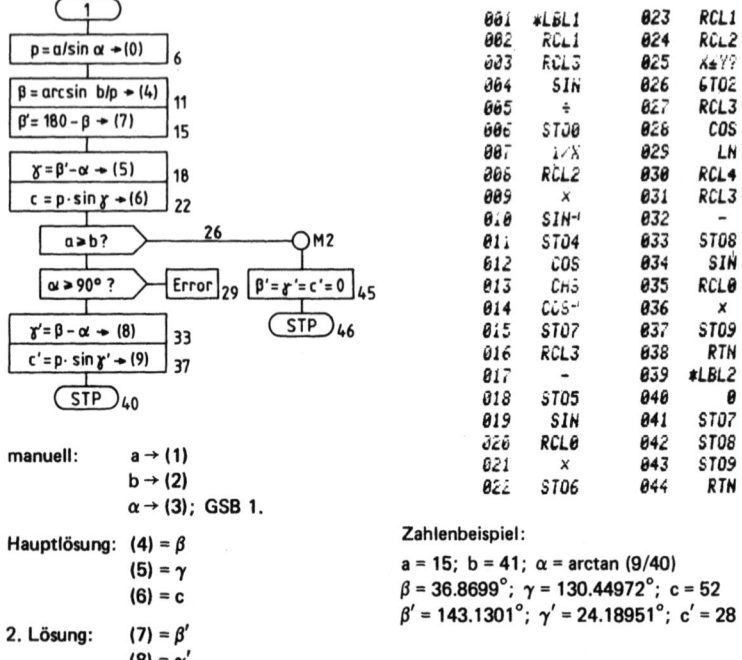

manuell: a → (1)
           b → (2)
           α → (3); GSB 1.

Hauptlösung: (4) = β
              (5) = γ
              (6) = c

2. Lösung: (7) = β'
             (8) = γ'
             (9) = c'

Zahlenbeispiel:

a = 15; b = 41; α = arctan (9/40)
β = 36.8699°; γ = 130.44972°; c = 52
β' = 143.1301°; γ' = 24.18951°; c' = 28

C.3 Berechnung und Interpolation von Funktionswerten

Die am häufigsten angewendete Art der Annäherung von Funktionen ist das Potenzpolynom. Es soll daher hier das bekannte Horner-Schema zur Berechnung solcher Polynome angegeben werden. Weiter taucht gerade im technischen Bereich häufiger das Problem auf, zwischen einzelnen Werten, die durch Messungen oder durch sehr schwierige Rechnungen gewonnen wurden, zu interpolieren. Schließlich ist der Nulldurchgang einer Funktion eine oft gesuchte Größe. Die nächsten Abschnitte werden sich mit diesen Problemen beschäftigen.

C.3.1 Polynom (Horner-Schema)

Die übliche Darstellung der Funktion

$$y = A_0 + A_1 \cdot x + A_2 \cdot x^2 + \ldots + A_n \cdot x^n$$

wird für die Berechnung in umgekehrter Reihenfolge bearbeitet

$$y = (((A_n \cdot x + A_{n-1}) \cdot x + A_{n-2}) \cdot x + A_{n-3}) \cdot x + \ldots + A_0 .$$

Die zugehörige erste Ableitung der Funktion ist

$$y' = ((n \cdot A_n \cdot x + (n-1) \cdot A_{n-1}) \cdot x + (n-2) \cdot A_{n-2}) \cdot x + \ldots + A_1.$$

Den grundsätzlichen Aufbau des Programms zeigt das Flußdiagramm. Der Programmkern wird $(n-1)$mal in einer Schleife durchlaufen, so daß das eigentliche Programm recht kurz gehalten werden kann (20 Zeilen für die Funktion y und 24 Zeilen für die erste Ableitung y').

Um das Programm zu testen, setzt man einfache Werte für x ein – z.B. $1; 0; -1;$ – und vergleicht mit der Handrechnung.

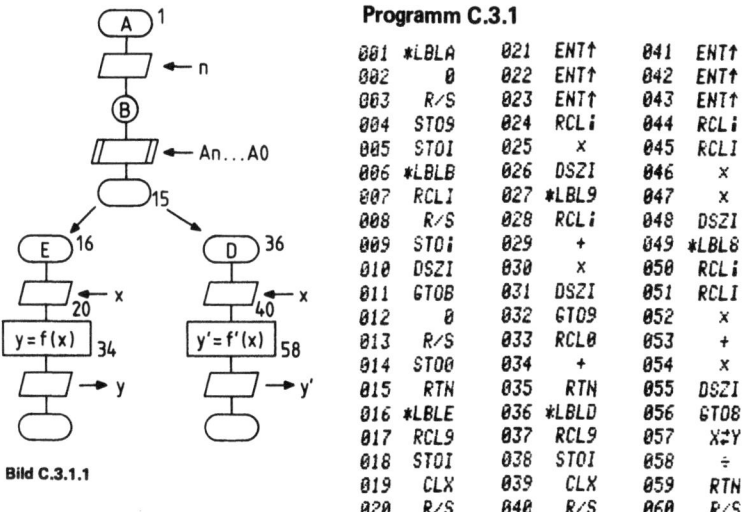

Bild C.3.1.1

Programm C.3.1

001	*LBLA	021	ENT↑	041	ENT↑
002	0	022	ENT↑	042	ENT↑
003	R/S	023	ENT↑	043	ENT↑
004	STO9	024	RCLi	044	RCLi
005	STOI	025	x	045	RCLI
006	*LBLB	026	DSZI	046	x
007	RCLI	027	*LBL9	047	x
008	R/S	028	RCLi	048	DSZI
009	STOi	029	+	049	*LBL8
010	DSZI	030	x	050	RCLi
011	GTOB	031	DSZI	051	RCLI
012	0	032	GTO9	052	x
013	R/S	033	RCL0	053	+
014	STO0	034	÷	054	x
015	RTN	035	RTN	055	DSZI
016	*LBLE	036	*LBLD	056	GTO8
017	RCL9	037	RCL9	057	X⇌Y
018	STOI	038	STOI	058	÷
019	CLX	039	CLX	059	RTN
020	R/S	040	R/S	060	R/S

Benutzeranleitung

Programm: 781219.2159 |LBL| A, B, D, E, 8, 9   Kurzzeichen: HORN
Länge: 59 Zeilen   Rechner-Typ: HP 97
Aufgabe: Polynomberechnung mit Horner-Schema

Speicherbelegung	Taste(n)	Anzeige	Eingabe	Bemerkung
$A_0 \to (0)$	A	0	n	
$A_1 \to (1)$	R/S	n	A_n	
$A_2 \to (2)$	R/S	n−1	A_{n-1}	
usw.	R/S	n−2	A_{n-2}	
…	…	…		Vorbereitung
	R/S	0	A_0	
$n \to (9)$	R/S	0	A_0	
	E	0	x	
	R/S	y		
	D	0	x	$x \neq 0!$
	R/S	y'		

C.3.2 Interpolation

Interpolation ist die Aufgabe, zwischen „Stützpunkten", die durch einzelne Wertepaare gegeben sind (Rechnung oder Messung) angenäherte Zwischenwerte zu ermitteln. Wir sprechen von einer Vorwärtsinterpolation, wenn bei gegebenem Wert x der zugehörige Wert y bestimmt werden soll, und von Rückwärtsinterpolation, wenn für einen gegebenen Wert y der zugehörige Wert x bestimmt werden soll. Die Rückwärtsinterpolation ist naturgemäß nur in einfachen Fällen ohne großen Aufwand möglich. Das Thema Interpolation wurde hier etwas ausführlicher behandelt, weil es in der technischen Praxis von erheblicher Bedeutung ist.

C.3.2.1 Lineare Interpolation

Für die Gerade durch die Punkte 1 und 2 gilt allgemein

$$\frac{y - y_1}{x - x_1} = \frac{y_2 - y_1}{x_2 - x_1} = m .$$

Daraus folgt für die Interpolation

a) vorwärts: $y = y_1 + m \cdot (x - x_1)$
b) rückwärts: $x = x_1 + (y - y_1)/m$
c) Nulldurchgang: $x_0 = x_1 - y_1/m$ } $m \neq 0!$

Die Programme lassen sich einfach hinschreiben. Das Programm 1 dient zum Einlesen der Wertepaare. Bei jedem Wertepaar wird zunächst y eingegeben, mit einem ENT-Befehl angehoben und dann das zugehörige x eingegeben. Die Steilheit läßt sich besonders einfach berechnen, da die Differenzen bereits mit den beiden Summentasten (Zeilen 7 und 14) gebildet werden und das Verhältnis mit den beiden Zeilen 15, 16 gewonnen werden kann.

Programm C.3.2

001	*LBL1	015	RCLΣ	029	RCL2
002	P⇄S	016	÷	030	-
003	CLRG	017	STO3	031	RCL3
004	P⇄S	018	CLX	032	÷
005	2	019	RTN	033	RCL1
006	R/S	020	*LBL2	034	+
007	Σ+	021	RCL1	035	RTN
008	1	022	-	036	*LBL0
009	R/S	023	RCL3	037	RCL1
010	STO1	024	x	038	RCL2
011	X⇄Y	025	RCL2	039	RCL3
012	STO2	026	+	040	÷
013	X⇄Y	027	RTN	041	-
014	Σ-	028	*LBL3	042	RTN
				043	R/S

Benutzeranleitung

Programm: 781227.1642 [LBL] 1, 2, 3, 0   Kurzzeichen: LIN.INT.
Länge: 42 Zeilen   Rechner-Typ: 67, 97
Aufgabe: Lineare Interpolation   Bei 19, 29 Zeilen 2 bis 4
                                              durch CL Σ ersetzen

Speicher-belegung	Taste(n)	Anzeige	Eingabe	Bemerkung
$x_1 \to$ (1)	GSB 1	2	y_2; ↑; x_2	
$y_1 \to$ (2)	R/S	1	y_1; ↑; x_1	
$m \to$ (3)	R/S	0		
			x	
	GSB 2	y		
			y	
	GSB 3	x		
			–	
	GSB 0	x_0		

C.3.2.2 Quadratische Interpolation

Bei der quadratischen Interpolation, die man auch als Parabel-Interpolation oder Interpolation 2. Ordnung bezeichnen könnte, wird durch drei Punkte eine Parabel gelegt, und aus deren Gleichung werden die Zwischenwerte berechnet. Ebenso wie bei der linearen werden wir auch hier zwischen Vorwärts (x → y) und Rückwärts (y → x) Interpolation unterscheiden, wobei der Gültigkeitsbereich im wesentlichen durch die beiden äußeren Punktpaare begrenzt werden soll.

Die Vorwärtsinterpolation bereitet im Prinzip keine Schwierigkeiten. Wir beschränken uns hier auf den wichtigen Sonderfall, bei dem die x-Werte den konstanten Abstand d haben. Wir arbeiten mit einer normierten Veränderlichen z (s. Gl. (2)). Dann werden die Formeln besonders einfach. Gl. (3) liefert das Steigungsmaß und Gl. (4) das quadratische Glied. Gl. (5) gibt dann den gesuchten Interpolationswert y.

$$d = x_3 - x_2 = x_2 - x_1 \qquad (1)$$
$$z = (x - x_2)/d \qquad (2)$$
$$m = (y_3 - y_1)/2 \qquad (3)$$
$$a = \frac{y_1 + y_3}{2} - y_2 \qquad (4)$$
$$y = y_2 + z \cdot (m + z \cdot a) \qquad (5)$$
$$e = \frac{m}{2 \cdot a}; \quad (a \neq 0!) \qquad (6)$$
$$z = -e + \text{sgn}(e) \cdot \sqrt{\frac{y - y_2}{a} + e^2} \qquad (7)$$
$$x = x_2 + z \cdot d \qquad (8)$$
================================

Bei der Rückwärtsinterpolation ist das Vorzeichen der Wurzel das einzige Problem. In Gl. (6) wurde die Hilfsgröße e eingeführt. Für den beschränkten Bereich 1 bis 3 des Problems muß das Vorzeichen der Wurzel mit dem Vorzeichen dieser Hilfsgröße e übereinstimmen. In der Gleichung wurde das durch die Funktion sgn (e) zum Ausdruck gebracht. Gl. (8) liefert dann den gesuchten Wert x für das gegebene y.

Das Programm besteht aus vier Teilen. Im Einleseteil 0 werden die drei Wertepaare x_1; y_1, x_2; y_2, x_3; y_3 eingelesen, und zwar jeweils als Paar. Im Vorbereitungsteil A werden die Größen m, a, d berechnet. Für die Vorwärtsinterpolation wird dann der Programmteil B benutzt und für die Rückwärtsinterpolation der Programmteil C.

Programm C.3.2.2

001	*LBL0	018	*LBLA	035	RCL3	052	STOC	070 ÷
002	1	019	P⇄S	036	RCL2	053	RCLA	071 RCLE
003	STOI	020	RCL3	037	-	054	x	072 X²
004	*LBL1	021	RCL1	038	STOD	055	RCLB	073 +
005	4	022	-	039	RCLB	056	+	074 √X
006	RCLI	023	2	040	RCLA	057	RCLC	075 RCLE
007	X=Y?	024	÷	041	÷	058	x	076 ENT↑
008	GTOA	025	STOB	042	2	059	P⇄S	077 ABS
009	R/S	026	RCL3	043	÷	060	RCL2	078 ÷
010	STOi	027	RCL1	044	STOE	061	P⇄S	079 x
011	P⇄S	028	+	045	CLX	062	+	080 RCLE
012	X⇄Y	029	2	046	RTN	063	RTN	081 -
013	STOi	030	÷	047	*LBLB	064	*LBLC	082 RCLD
014	P⇄S	031	RCL2	048	RCL2	065	P⇄S	083 x
015	ISZI	032	-	049	-	066	RCL2	084 RCL2
016	GTO1	033	STOA	050	RCLD	067	P⇄S	085 +
017	RTN	034	P⇄S	051	÷	068	-	086 RTN
						069	RCLA	087 R/S

Benutzeranleitung

Programm: 781221.2286 [LBL] 0, 1, A, B, C   Kurzzeichen: QU.INT.

Länge: 86 Zeilen   Rechner-Typ: 67, 97

Aufgabe: Quadratische Interpolation
mit aequidistanten Wertepaaren

Speicherbelegung	Taste(n)	Anzeige	Eingabe	Bemerkung
x_1; y_1 → (1) (11)	GSB 0	1	x_1; ↑; y_1	
x_2; y_2 → (2) (12)	R/S	2	x_2; ↑; y_2	
x_3; y_3 → (3) (13)	R/S	3	x_3; ↑; y_3	
a → (A)				
m → (B)	R/S	4	—	
z → (C)				
d → (D)			x	
e → (E)	B	y		
			y	
	C	x		

C.3.2.3 Interpolation 4. Ordnung

Will man durch Interpolation einen größeren Wertebereich abdecken, dann empfiehlt sich ein Polynom höherer Ordnung. Es soll hier gezeigt werden, wie aus fünf aequidistanten Wertepaaren ein Interpolationspolynom 4. Ordnung abgeleitet werden kann.

Man könnte annehmen, daß die Kapazität des Taschenrechners dafür nicht reichen würde. Es zeigt sich aber, daß durch Normierung und zweckmäßige Programmierung schon mit 50 Programmzeilen ein solches Polynom gebildet werden kann.

Die fünf Ordinatenwerte y_1 bis y_5 werden manuell in die Speicher A...E (bzw. .1 ... .5) eingegeben. Der Wert x_3 wird in Speicher 5 festgehalten und der Abstand der x-Werte $d = \Delta x$ in Speicher 6. Ebenso wie bei der quadratischen Interpolation wird wieder mit der normierten Größe $z = (x - x_3)/d$ gerechnet. Dadurch ergibt sich eine Koeffizientenmatrix mit einfachen Zahlen. Das Interpolationspolynom

$$y = A_0 + A_1 \cdot z + A_2 \cdot z^2 + A_3 \cdot z^3 + A_4 \cdot z^4$$

enthält die zunächst noch unbekannten Faktoren

$$A = \begin{pmatrix} A_0 \\ A_1 \\ A_2 \\ A_3 \\ A_4 \end{pmatrix}.$$

Sie können bestimmt werden durch eine Matrizenmultiplikation $A = K \cdot Y$ oder ausführlicher

$$\begin{pmatrix} A_0 \\ A_1 \\ A_2 \\ A_3 \\ A_4 \end{pmatrix} = \begin{pmatrix} k_{11} & k_{12} & k_{13} & k_{14} & k_{15} \\ k_{21} & k_{22} & \ldots & \ldots & \ldots \\ k_{31} & \ldots & \ldots & \ldots & \ldots \\ \ldots & \ldots & \ldots & \ldots & \ldots \\ k_{51} & \ldots & \ldots & \ldots & k_{55} \end{pmatrix} \cdot \begin{pmatrix} y_1 \\ y_2 \\ y_3 \\ y_4 \\ y_5 \end{pmatrix}$$

wobei die Rechenvorschrift in klassischer Schreibweise lautet

$$A_i = \sum_{j=1}^{5} k_{i+1,j} \cdot y_j \quad \text{mit} \quad i = 0(1)4 .$$

Es zeigt sich, daß die Koeffizientenmatrix K durch ganze Zahlen darstellbar ist, die sich für eine Programmierung gut eignen. Für den vorliegenden Fall der 4. Ordnung ist

$$K = \frac{1}{24} \cdot \begin{pmatrix} 0 & 0 & 24 & 0 & 0 \\ 2 & -16 & 0 & 16 & -2 \\ -1 & 16 & -30 & 16 & -1 \\ -2 & 4 & 0 & -4 & 2 \\ 1 & -4 & 6 & -4 & 1 \end{pmatrix}$$

Das folgende Schema läßt die Arbeitsweise bei der Ermittlung der Koeffizienten A_0 bis A_4 erkennen:

Speicher:	A	B	C	D	E	
Inhalt:	y_1	y_2	y_3	y_4	y_5	
	–	–	1	–	–	:1 → (0) = A_0
	1	–8	–	8	–1	:12 → (1) = A_1
	–1	16	–30	16	–1	:24 → (2) = A_2
	–1	2	–	–2	1	:12 → (3) = A_3
	1	–4	6	–4	1	:24 → (4) = A_4

Die Inhalte der Speicher A bis E werden schrittweise mit den in der Tabelle angegebenen Faktoren in den einzelnen Speichern (0) bis (4) aufaddiert und liefern damit am Ende die gesuchten Koeffizienten. Wegen der Symmetriebedingungen bieten sich verschiedene Vereinfachungen an, die dem Programm direkt entnommen werden können.

Der zweite Teil (LBL E) des Programms enthält das Horner-Schema für die Funktionsberechnung.

Als Testbeispiel soll die Funktion $y = \sin x$ im Bereich $30°$ bis $70°$ durch das Polynom angenähert werden und der Wert bei $65°$ mit dem exakten Wert verglichen werden. Wir sehen, daß die Interpolation den Wert 0.906310 statt des exakten Wertes 0.906308 liefert.

Programm C.3.2.3

001	*LBLA	016	RCLA	031	ST-2	046	ST+3	061	RCL3
002	0	017	RCLE	032	RCLB	047	4	062	÷
003	ST00	018	+	033	RCLD	048	x	063	x
004	ST01	019	2	034	+	049	ST-1	064	RCL2
005	ST02	020	4	035	6	050	RTN	065	+
006	ST03	021	÷	036	÷	051	*LBLE	066	x
007	ST04	022	ST+4	037	ST-4	052	RCL5	067	RCL1
008	RCLA	023	ST-2	038	4	053	-	068	+
009	RCLE	024	RCLC	039	x	054	RCL6	069	x
010	-	025	ST00	040	ST+2	055	÷	070	RCL0
011	1	026	4	041	RCLB	056	ENT↑	071	+
012	2	027	÷	042	RCLD	057	ENT↑	072	RTN
013	÷	028	ST+4	043	-	058	ENT↑	073	R/S
014	ST+1	029	5	044	6	059	RCL4		
015	ST-3	030	x	045	÷	060	x		

Benutzeranleitung zum Programm C.3.2.3

Programm: 780724.0072 LBL A, E   Kurzzeichen: INT.4.0.
Länge: 72 Zeilen   Rechner-Typ: 67, 97
Aufgabe: Interpolation 4. Ordnung

Speicherbelegung	Taste(n)	Anzeige	Eingabe	Bemerkung
$y_1 \ldots y_5 \rightarrow (A \ldots E)$			$y_1 \ldots y_5$	manuell
$x_3 \rightarrow (5)$			x_3	manuell
$\Delta x = d \rightarrow (6)$			$\Delta x = d$	manuell
$A_0 \ldots A_4 \rightarrow (0 \ldots 4)$	A	–	x	
	E	y		

Für den Fall, daß der interessierte Leser sich ein Polynom 3. Ordnung bilden möchte mit dem Bezugspunkt $x_2; y_2$, wird die entsprechende Matrix K hier angegeben:

$$K = \frac{1}{6} \cdot \begin{pmatrix} 0 & 6 & 0 & 0 \\ -2 & -3 & 6 & -1 \\ 3 & -1 & 3 & 0 \\ -1 & 3 & -3 & 1 \end{pmatrix}$$

C.3.3 Bestimmung von Nullstellen

C.3.3.1 Iteration

Die transzendente Gleichung $\tan\alpha - \alpha = c$ läßt sich lösen, indem man den Nulldurchgang der Funktion $y = \tan\alpha - \alpha - c$ sucht. Schreibt man die Gleichung in der Form $\alpha_i = \arctan(\alpha_{i-1} + c)$, dann kann man durch häufiges Durchlaufen einer Schleife den Wert so lange verbessern, bis eine gewünschte Genauigkeit erreicht ist. Möchte man das Ergebnis z.B. auf sechs Stellen hinter dem Komma haben, dann kann man durch Einbau einer Pause mit dem Auge die Annäherung anschaulich verfolgen und bei der ersten Wiederholung des Ergebnisses mit sechs Stellen hinter dem Komma die Rechnung durch Betätigen der Taste R/S abbrechen:

DSP 6	Benutzeranleitung:
*LBL 1	$c \to (1); c > 0!$
RCL 1	RAD
+	
TAN^{-1}	Schätzwert (z.B. 0.5) $\to$ (X)
PSE	GSB 1
GTO 1	Nach 16 Zyklen ist die gewünschte
RTN	Genauigkeit erreicht.

Auf die Bestimmung des Nulldurchgangs mit dem Newton-Iterationsverfahren soll hier nicht näher eingegangen werden.

C.3.3.2 Interpolation

Die im Abschnitt C.3.2 angegebenen Verfahren der umgekehrten linearen oder quadratischen Interpolation können in vielen Fällen zur Bestimmung des Nulldurchganges einer Funktion angewendet werden. Es soll hier aber nur ein Verfahren vorgestellt werden, welches sich durch große Sicherheit und verhältnismäßig einfache Programmierbarkeit auszeichnet und in schwierigen Fällen schneller als andere Verfahren zum Ergebnis führt. Man könnte das Verfahren als Iteration nullter Ordnung oder als binäre Annäherung bezeichnen.

Man startet mit zwei Werten, die entgegengesetztes Vorzeichen haben. Dann wird der x-Abstand halbiert. Der y-Wert in der Mitte der beiden bisherigen tritt an die Stelle des y-Wertes mit gleichem Vorzeichen. Das Verfahren wird nun so lange wiederholt, bis die gewünschte Genauigkeit erreicht ist. Die Anzahl der notwendigen Rechenzyklen läßt sich gut abschätzen: Ist der Anfangsabstand auf der x-Achse d_0 und werden n Zyklen gerechnet, dann ist der Fehler der Abszisse kleiner als $d_0 \cdot 2^{-n}$. 20 Schleifen liefern dann etwa $d_0 \cdot 10^{-6}$.

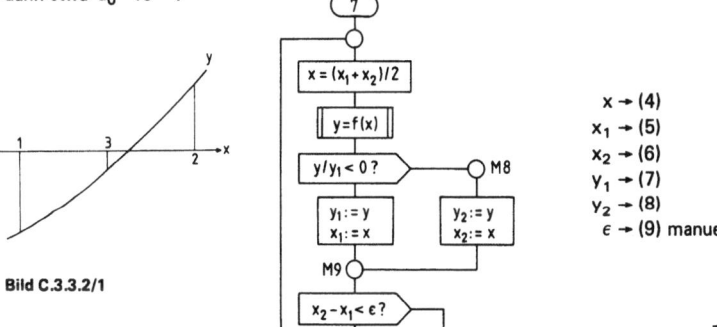

Bild C.3.3.2/1

71

Programm C.3.3.2

001	*LBL6	011	STO8	021	+	031	GTO8	041	STO6
002	1	012	RCL7	022	2	032	X≠Y	042	*LBL9
003	R/S	013	÷	023	÷	033	STO7	043	RCL6
004	STO5	014	X<0?	024	STO4	034	RCL4	044	RCL5
005	GSBA	015	GTO7	025	GSBA	035	STO5	045	-
006	STO7	016	0	026	ENT↑	036	GTO9	046	RCL9
007	2	017	1/X	027	ENT↑	037	*LBL8	047	X≤Y?
008	R/S	018	*LBL7	028	RCL7	038	X≠Y	048	GTO7
009	STO6	019	RCL5	029	÷	039	STO8	049	GSBB
010	GSBA	020	RCL6	030	X<0?	040	RCL4	050	RTN

Benutzeranleitung

Programm: 781229.1283 [LBL] 6, 7, 8, 9, A, B, C Kurzzeichen: INTERPOL.
Länge: 83 Zeilen Rechner-Typ: 67, 97
Aufgabe: Bestimmung einer Nullstelle durch Interpolation nullter Ordnung

Speicherbelegung	Taste(n)	Anzeige	Eingabe	Bemerkung
x → (4)			ε	Fehl. Tol.
x_1 → (5) x_2 → (6)	STO 9			
y_1 → (7)	RAD			
y_2 → (8) ε → (9)	GSB 6	1	$α_1$	bzw. x_1
A_0 → (0)	R/S	2	$α_2$	bzw. x_2
A_1 → (1) A_2 → (2)	R/S	b		

Beispiel 1: Wir wählen als erstes Beispiel die Halbierung einer Kreisfläche mit dem Radius 1 mit einem Zirkelschlag. Es läßt sich zeigen, daß das Problem nach einigen Umformungen zurückgeführt werden kann auf die Lösung der Gleichung
$y = 2 \cdot α - \sin 2 \cdot α + b^2 \cdot (π - α - \sin α) = π$ mit $b = 2 \cdot \sin α/2$.

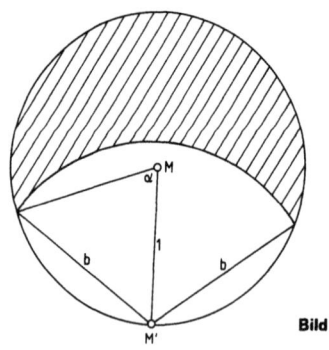

Bild C.3.3.2/2

Gesucht ist der Radius b des herausgeschnittenen Segments. Aus der Zeichnung kann sofort abgeschätzt werden, daß sicher $60° < \alpha < 90°$ sein muß. Wir geben dem Programm den Namen A:

51	LBL A	Um am Schluß der Rechnung die gesuchte Größe b zu
52	STO 1	berechnen, schreiben wir das Unterprogramm B:
53	2	
54	×	78 LBL B
55	STO 2	79 RCL 0
56	4	80 SIN
57	:	81 2
58	STO 0	82 ×
59	SIN	83 RTN
60	2	
61	×	Ein Durchlauf dauert etwa 6 bis 7 s.
62	x^2	Rechenzeit bei Restfehler 10^{-6} ca. 2 min.
63	π	
64	RCL 1	Ergebnis: α = 1.235896 = 70.8116°
65	−	b = 1.1587285
66	RCL 1	
67	SIN	
68	−	
69	×	
70	π	
71	−	
72	RCL 2	
73	+	
74	RCL 2	
75	SIN	
76	−	
77	RTN	

Beispiel 2: Lösung der kubischen Gleichung

$$x^3 + A_2 \cdot x^2 + A_1 \cdot x + A_0 = 0$$

Manuell: $A_0 \rightarrow (0); A_1 \rightarrow (1); A_2 \rightarrow (2)$.

84	LBL C	Ist eine Lösung x_1 bekannt, dann findet man die beiden
85	ENT	anderen Lösungen mit der Formel
86	ENT	
87	ENT	$x_{2,3} = -\dfrac{A_2 + x_1}{2} \pm \sqrt{\left(\dfrac{A_2 + x_1}{2}\right)^2 + \dfrac{A_0}{x_1}}$
88	RCL 2	
89	+	die hier nicht mehr programmiert werden soll.
90	×	Im Unterprogramm C ist die Berechnung des Funktions-
91	RCL 1	wertes der kubischen Gleichung angegeben. Im Haupt-
92	+	programm brauchen lediglich die Ziele der Sprungadressen
93	×	zum Unterprogramm in den Zeilen 5, 10 und 25 von A
94	RCL 0	in C geändert zu werden, und in der Zeile 49 wird mit
95	+	RCL 4 der Wert x_1 angezeigt.
96	RTN	

Zahlenbeispiel: $A_0 = 0.8$; $A_1 = -0.25$; $A_2 = 0.5$.
Lösung: $x_1 = -1.231\ 006\ 887$
$x_{2,3} = 0.365\ 503\ 444 \pm j \cdot 0.718\ 527\ 484$

C.3.4 Bestimmung von Extremwerten

Wir erläutern das Prinzip an der Bestimmung des Maximums einer Funktion $y = f(x)$. Zunächst werden in groben Schritten Funktionswerte y_1, y_3 und y_5 ermittelt, deren Abstand auf der X-Achse jeweils konstant $= d$ ist. Die Ordinatendifferenzen $d2 = y_3 - y_1$ und $d4 = y_5 - y_3$ werden ermittelt. Wenn erstmalig d4 entgegengesetztes Vorzeichen von d2 hat, wird entsprechend der unteren Hälfte des Bildes C.3.4/1 eine lineare Interpolation zwischen den Differenzen vorgenommen, um damit einen Schätzwert für den Nulldurchgang des Differentialquotienten zu erhalten, der zur Bestimmung des ersten Näherungswertes für die Lage des Maximums dient. Dann wird der Schritt d um den Faktor 10 verkürzt und der Beginn der neuen Rechnung willkürlich um d/5 (sicherer, aber zeitaufwendiger wäre d/1) nach der Seite von x_3 verschoben, die entgegengesetzt von x_5 liegt. Wenn der Absolutwert von d4 einen vorgegebenen Minimalwert von z.B. 10^{-6} unterschreitet, wird die Rechnung beendet.

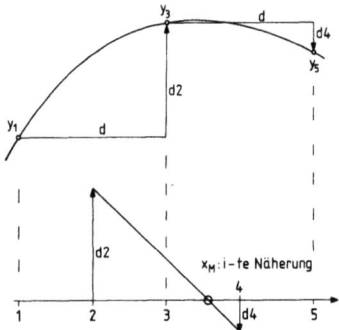

Bild C.3.4/1

Es muß beachtet werden, daß die Bestimmung des Maximums keinen eindeutigen Lösungswert ergibt, sondern einen relativ breiten Zahlenbereich von richtigen Lösungen. Die Breite des Zahlenbereichs hängt von der möglichen Rechengenauigkeit ab. Das soll an dem folgenden Beispiel noch näher erläutert werden.

Beispiel: Unter allen Flächen, die nach Bild C.3.4/2 aus einem Kreis herausgeschnitten werden können (h endet am Durchmesser!), ist diejenige zu bestimmen, die den größten Umfang besitzt.

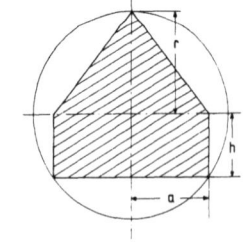

Bild C.3.4/2

Gesucht ist $x = a/r$ für den maximalen Umfang U_{max}. Die Gleichung für den Umfang heißt

$U = 2 \cdot a + 2 \cdot h + 2 \cdot \sqrt{r^2 + a^2}$.

Mit $h^2 = r^2 - a^2$ und $a = r \cdot x$ wird $\frac{U}{2 \cdot r} = f(x) = x + \sqrt{1-x^2} + \sqrt{1+x^2}$ mit $0 < x < 1$.

Das Programm liefert als Lösung den Wert

$x = 0.855\ 188\ 58$ und $U/(2 \cdot r) = 2.689\ 312\ 350$.

Läßt man in der neunten Ziffer hinter dem Komma (Grenze der hier möglichen Rechengenauigkeit) eine nicht mehr erkennbare Differenz von einer halben Einheit zu, dann ergibt sich schon ein breiter Lösungsbereich von etwa

$0.855\ 18 < x < 0.855\ 20$!

Mit Hilfe der Differentialrechnung läßt sich zeigen, daß ein genauerer Wert $0.855\ 188\ 76$ ist. Echt nachprüfbar wäre dieser Wert aber nur mit einer Rechengenauigkeit von etwa 16 bis 18 Dezimalstellen.

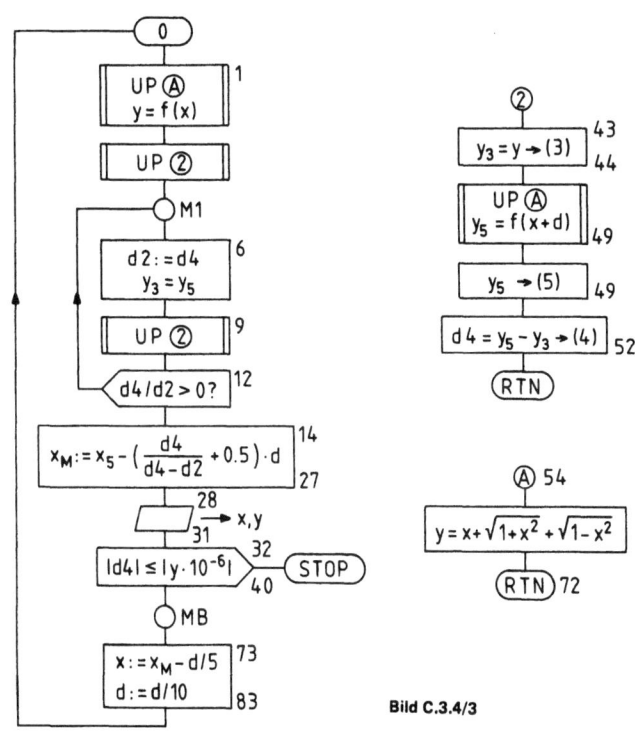

Bild C.3.4/3

Programm C.3.4 mit Ausdruck

001	*LBL0	029	PRTX	057	PRTX		
002	RCL6	030	GSBA	058	ENT↑		
003	GSBA	031	PRTX	059	X^2		
004	GSB2	032	EEX	060	1		
005	*LBL1	033	CHS	061	+		
006	RCL4	034	6	062	$\sqrt{X}$		
007	STO2	035	×	063	+		
008	RCL5	036	ABS	064	1		
009	GSB2	037	RCL4	065	RCL6		
010	RCL2	038	ABS	066	X^2		
011	÷	039	X≤Y?	067	-		
012	X>0?	040	R/S	068	$\sqrt{X}$		
013	GTO1	041	GTOB	069	+		
014	RCL4	042	RTN	070	F1?		
015	ENT↑	043	*LBL2	071	PRTX	0.000000000	STO6
016	ENT↑	044	STO3	072	RTN	.100000000	STO7
017	RCL2	045	RCL6	073	*LBLB		GSB0
018	-	046	RCL7	074	RCL6		
019	÷	047	+	075	RCL7	0.850234416	***
020	.	048	GSBA	076	5	2.689230975	***
021	5	049	STO5	077	÷		
022	+	050	RCL3	078	STO7	0.855141502	***
023	RCL7	051	-	079	-	2.689312343	***
024	×	052	STO4	080	STO6		
025	CHS	053	RTN	081	2	0.855187064	***
026	RCL6	054	*LBLA	082	ST÷7	2.689312350	***
027	+	055	STO6	083	GTO0		
028	SPC	056	F1?	084	RTN	0.855188579	***
				085	R/S	2.689312350	***

Benutzeranleitung

Programm: 781231.1084 $\boxed{\text{LBL}}$ 0, 1, 2, A, B Kurzzeichen: MAX.
Länge: 84 Zeilen Rechner-Typ: 67, 97
Aufgabe: Bestimmung des Maximums einer Funktion

Speicherbelegung	Taste(n)	Anzeige	Eingabe	Bemerkung
d1 → (2)			x_1	
y_3 → (3) d2 → (4)	STO 6	x_1	d	
y_5 → (5)	STO 7	d	–	
x, x_M, x_5 → (6) d → (7)	GSB 0	x, y		Tabelle

C.4 Ausgleichsgerade

Es sei die Aufgabe gestellt, für eine Anzahl von n Wertepaaren X_i; Y_i, bei denen ein linearer Zusammenhang bekannt ist oder vermutet wird, eine optimale Ausgleichsgerade anzugeben, die dadurch definiert ist, daß die Summe der Quadrate der Abweichungen der Y_i-Werte von dem zugehörigen Wert der Geraden ein Minimum wird. Diese Gerade wird als Erwartungsfunktion $E(X)$ bezeichnet. Die Gerade habe die Gleichung

$$Y = E(X) = A_0 + A_1 \cdot X \, .$$

Für die Vereinfachung der notwendigen Gleichungen führen wir einige neue (übliche) Symbole ein: Der Mittelwert einer Größe wird durch Überstreichen gekennzeichnet. Es ist also

$$\frac{1}{n} \cdot \sum_{i=1}^{n} X_i = \overline{X} \quad \text{usw.} \tag{1}$$

Der quadratische Mittelwert wird durch Überstreichen mit einer geschwungenen Linie gekennzeichnet

$$\frac{1}{n} \cdot \sum_{i=1}^{n} X_i^2 = \overline{X^2} = \widetilde{X}^2; \quad \sqrt{\overline{X^2}} = \widetilde{X}. \tag{2}$$

Wir verschieben nun noch den Koordinatenursprung in den Schwerpunkt der Funktionswerte mit den Koordinaten $\overline{X}$ und $\overline{Y}$ und definieren die neuen Veränderlichen, die jetzt klein geschrieben werden

$$x_i = X_i - \overline{X}, \tag{3}$$
$$y_i = Y_i - \overline{Y}. \tag{4}$$

Weiter werden (s. Literatur über Statistik oder Praktische Mathematik)

$$\overline{xy} = \overline{XY} - \overline{X} \cdot \overline{Y}, \tag{5}$$
$$\overline{x^2} = \overline{X^2} - \overline{X}^2, \tag{6}$$
$$\overline{y^2} = \overline{Y^2} - \overline{Y}^2. \tag{7}$$

Die Bestimmungsgrößen der Erwartungsfunktion werden berechnet mit den Gleichungen

$$A_1 = \frac{\overline{xy}}{\overline{x^2}}; \quad A_0 = \overline{Y} - A_1 \cdot \overline{X}. \tag{8}$$

Der Mittelwert der Quadrate der Abweichung

$$s_y^2 = \overline{[Y_i - E(X_i)]^2}$$

wird berechnet mit der Gleichung

$$\overline{s_y^2} = \overline{y^2} \cdot (1 - R^2) \tag{9}$$

mit

$$R = \frac{\overline{xy}}{\widetilde{x} \cdot \widetilde{y}} \, . \tag{10}$$

R wird als Korrelationskoeffizient bezeichnet und hat bei der idealen Geraden den Wert 1.0. Man kann noch das relative Streuungsmaß der Y-Werte definieren

$$\sigma = \frac{\tilde{s}_y}{\tilde{y}} = \sqrt{\overline{s_y^2}/\overline{y^2}} \tag{11}$$

als Maß für den mittleren relativen Fehler.

Für die Bearbeitung mit dem Rechner werden die Wertepaare Y_i; ↑; X_i eingegeben und mit der Statistik-Taste Σ^+ verarbeitet. Das hat z.B. bei dem hier verwendeten Rechner 19C zur Folge, daß laufend die folgenden Summenwerte gebildet werden

Speicher .0: Σ i = n   Speicher .3: ΣY_i
Speicher .1: ΣX_i Speicher .4: ΣY_i^2
Speicher .2: ΣX_i^2 Speicher .5: $\Sigma X_i \cdot Y_i$

Nach Beendigung der Werteeingabe werden zunächst in allen Speichern die Mittelwerte gebildet. In den Speichern .1 und .3 stehen dann die Werte $\overline{X}$ und $\overline{Y}$. Nach den Gln. (5) bis (7) werden weiter die Produkte bzw. Quadrate auf das neue Koordinatensystem bezogen. Der Verlauf des weiteren Programms ist leicht erkennbar. Am Schluß wird noch getrennt die Erwartungsfunktion programmiert. Gibt man ein Wertepaar Y_i; ↑; X_i ein und tastet GSB 1, dann erscheint der Wert der Geradenfunktion im X-Register, und der zugehörige Meßwert steht im Y-Register. Die Abweichung kann dann z.B. durch einfaches Subtrahieren gewonnen werden.

Programm C.4 (Benutzeranleitung s. Text)

1	*LBL 0		18	RCL .5		35	x^2	
2	RCL .0	n	19	RCL .2		36	CHS	
3	STO : .1	$\overline{X}$	20	:		37	1	
4	STO : .2	$\overline{X^2}$	21	STO 1	A_1	38	+	
5	STO : .3	$\overline{Y}$	22	RCL .1		39	STO 2	σ^2
6	STO : .4	$\overline{Y^2}$	23	×		40	RTN	
7	STO : .5	$\overline{X \cdot Y}$	24	CHS		41	*LBL 1	
8	RCL .1		25	RCL .3		42	RCL 1	
9	x^2		26	+		43	×	
10	STO − .2	$\overline{x^2}$	27	STO 0	A_0	44	RCL 0	
11	RCL .3		28	RCL .5		45	+	
12	x^2		29	RCL .2		46	RTN	
13	STO − .4	$\overline{y^2}$	30	RCL .4				
14	RCL .1		31	×				
15	RCL .3		32	$\sqrt{x}$				
16	×		33	:				
17	STO − .5	$\overline{x \cdot y}$	34	STO 3	R			

Beispiel: Die Wertepaare (0; 1), (1; 1.99), (2; 3.02), (3; 3.99), (4; 5) werden mit der Σ^+-Taste eingetastet. GSB 0. Es ist leicht zu erkennen, daß die Erwartungsfunktion die Form haben muß

E(X) = 1 + 1 · X.

Wir kontrollieren und finden RCL 0: A_0 = 1. RCL 1: A_1 = 1.

Wir können in diesem Fall das mittlere Quadrat der Abweichungen von Y_i auch ohne Programm berechnen.

Es ist

$$\Sigma [Y_i - E(X_i)]^2 = 0^2 + 0.01^2 + 0.02^2 + 0.01^2 + 0^2 = 6 \cdot 10^{-4}$$

$$\overline{s_y^2} = 1/5 \cdot 6 \cdot 10^{-4}; \rightarrow \widetilde{s_y} = 0.01095$$

RCL 4: $\overline{y^2} = 2$

RCL 2: $\overline{\sigma^2} = 6 \cdot 10^{-5}$

in Übereinstimmung mit den beiden vorhergehenden Zeilen.

C.5 Numerische Integration

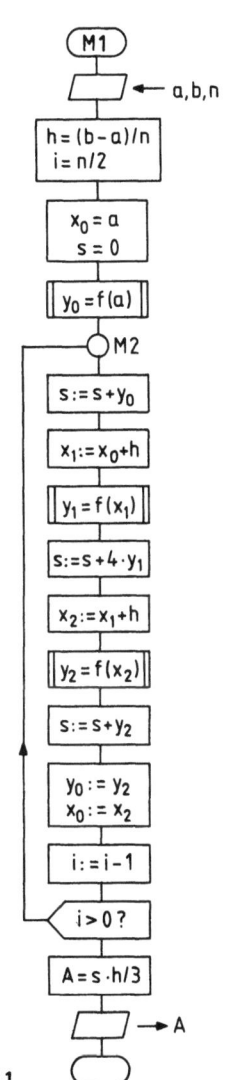

Wir verwenden die Simpson-Regel, bei der das Integrationsintervall in eine gerade Zahl von n Teilabschnitten zerlegt werden muß. Die Breite des Einzelabschnittes wird dann $h = (b - a)/n$, wo a die untere und b die obere Integrationsgrenze ist. Für ein Doppelintervall, dessen linke Grenze mit 0 und dessen rechte Grenze mit 2 gekennzeichnet werden soll, wird dann die Teilfläche

$$A = h/3 \cdot (y_0 + 4 \cdot y_1 + y_2) \,. \tag{1}$$

Die Gesamtfläche wird durch Aufsummieren der einzelnen Teilflächen ermittelt. Da y_2 eines Abschnittes gleich y_0 des folgenden, kann dieser Wert ohne neue Berechnung übernommen werden. Es wird davon ausgegangen, daß die Gleichung der zu integrierenden Funktion gegeben ist. Ihr Wert wird jeweils in einem Unterprogramm berechnet. Das Flußdiagramm (Bild C.5.1) zeigt den Verlauf der Rechnung.

Durch Kombination einer Grobrechnung und einer Feinrechnung, wobei die Feinrechnung mit doppelter Schrittzahl arbeitet, wird es möglich, eine sehr wirksame Fehlerkorrektur vorzunehmen [3]. Der wahrscheinliche Fehler ist bei halber Schrittweite mit guter Näherung 16mal kleiner als bei dem Grobwert. Bezeichnet man den besten Näherungswert des Integrals mit A, den mit großer Schrittweite berechneten mit A_G und den mit halbierter Schrittweite berechneten mit A_F, dann läßt sich die Lösung mit stark verringertem Fehler angeben

$$A \approx (16 \cdot A_F - A_G)/15 \tag{2}$$

Bild C.5.1

Programm C.5.1 mit Rechenbeispielen

001	*LBL1	017	STO3	033	+	049	RCL3	065	6
002	CLX	018	0	034	STO6	050	x	066	x
003	R/S	019	STO4	035	GSB0	051	3	067	RCLA
004	STO1	020	RCL9	036	4	052	÷	068	-
005	CLX	021	2	037	x	053	R/S	069	1
006	R/S	022	÷	038	ST+4	054	F0?	070	5
007	STO2	023	STOI	039	RCL6	055	GTO4	071	÷
008	CLX	024	RCL1	040	RCL3	056	STOA	072	STOC
009	R/S	025	STO6	041	+	057	2	073	RTN
010	STO9	026	GSB0	042	STO6	058	STx9	074	*LBL0
011	*LBL2	027	STO5	043	GSB0	059	SF0	075	2
012	RCL2	028	*LBL3	044	STO5	060	GTO2	076	x
013	RCL1	029	RCL5	045	ST+4	061	*LBL4	077	1
014	-	030	ST+4	046	DSZI	062	STOB	078	-
015	RCL9	031	RCL6	047	GTO3	063	CF0	079	1/X
016	÷	032	RCL3	048	RCL4	064	1	080	RTN
								081	R/S

```
         GSB1                    GSB1                    GSB1
1.000000000  R/S       1.000000000  R/S       1.000000000  R/S
3.000000000  R/S       3.000000000  R/S       3.000000000  R/S
10.00000000  R/S       20.00000000  R/S       40.00000000  R/S
0.805041497  ***       0.804743393  ***       0.804720582  ***
             R/S                    R/S                    R/S
0.804743393  ***       0.804720582  ***       0.804719060  ***
             R/S                    R/S                    R/S
0.804723519  ***       0.804719062  ***       0.804718959  ***
```

Benutzeranleitung

Programm: 790116.2073 [LBL] 1   Kurzzeichen: NUM.INT.
Länge: 73 Zeilen und Unterprogramm   Rechner-Typ: HP 97
Aufgabe: Berechnung eines bestimmten Integrals

Speicher-belegung	Taste(n)	Anzeige	Eingabe	Bemerkung
a → (1)	GSB 1	0	a	
b → (2)	R/S	0	b	
h → (3)	R/S	0	n	
s → (4)	R/S	A_G	–	
y_0 → (5)	R/S	A_F	–	
x → (6)	R/S	A		
n → (9)				
A_G → (A)				
A_F → (B)				
A → (C)				

Das Programm ist so aufgebaut, daß der Benutzer die beiden Grenzen a und b und die Zahl n für die Berechnung des Grobwertes A_G eingibt. Das Programm stoppt (Zeile 53) und zeigt diese Lösung an. Durch Drücken der R/S-Taste wird die Fortsetzung der Rechnung ausgelöst. Die Zahl n wird verdoppelt und nach einiger Zeit (n mal 1.25s) der genauere Wert A_F angezeigt. Nochmaliges Betätigen der R/S-Taste liefert dann den verbesserten Wert A nach Gleichung (2). Will man sofort ohne Zwischenstopp das letzte Ergebnis haben, dann muß die Zeile 53 (R/S) gelöscht werden.

1. Beispiel: Wir prüfen das Verfahren an einem einfachen Beispiel, bei dem wir die exakte Lösung berechnen und daher für die Abschätzung der Genauigkeit des Verfahrens heranziehen können. Es soll das bestimmte Integral

$$I = \int_1^3 \frac{1}{2 \cdot x - 1} dx$$

mit verschiedenen Schrittweiten berechnet und der Fehler angegeben werden. Die exakte Lösung ist

$$I = 1/2 \cdot \ln(2 \cdot x - 1) \Big|_1^3 = 1/2 \cdot \ln 5 = 0.804718956 .$$

Der relative Fehler wird durch $(A - I)/I$ angegeben, wobei für A der Reihe nach A_G, A_F und A eingesetzt werden (s. Tabelle C.5.1). Die Tabelle zeigt, daß die Korrektur umso wirksamer wird, je kleiner die Schrittweite gewählt wird.

Tabelle C.5.1: Ergebnisse der numerischen Integration

Schrittzahl	Berechneter Wert	Relativer Fehler
4	A_G: 0.811 111 111	$7.943 \cdot 10^{-3}$
8	A_F: 0.805 423 280	$0.875 \cdot 10^{-3}$
4 + 8	A: 0.805 044 091	$0.404 \cdot 10^{-3}$
10	0.805 041 497	$400.8 \cdot 10^{-6}$
20	0.804 743 393	$30.37 \cdot 10^{-6}$
10 + 20	0.804 723 519	$5.67 \cdot 10^{-6}$
20	0.804 743 393	$30.37 \cdot 10^{-6}$
40	0.804 720 582	$2.02 \cdot 10^{-6}$
20 + 40	0.804 719 062	$0.131 \cdot 10^{-6}$
40	0.804 720 582	$2.021 \cdot 10^{-6}$
80	0.804 719 060	$0.129 \cdot 10^{-6}$
40 + 80	0.804 718 959	$3 \cdot 10^{-9}$
50	0.804 719 628	$835 \cdot 10^{-9}$
100	0.804 718 999	$53 \cdot 10^{-9}$
50 + 100	0.804 718 957	$1 \cdot 10^{-9}$
exakter Wert:	$0.804\,718\,956_2$	

2. Beispiel: Es sei die Aufgabe gestellt, im Bereich von 1 bis 6 die Funktion 1/x zu integrieren und bei den Werten 2(1)6 jeweils den Wert des errechneten Integrals und den exakten Wert ln x auszudrucken.

Wir können den Kern des vorigen Programms übernehmen. Der Kern mit der Adresse 2 (Programm C.5.1, Zeilen 11 bis 71 mit Fortlassung von Zeile 53) wird einfach zum Unterprogramm erklärt. Im neuen Vorspann (Zeilen 1 bis 21) werden die einzelnen Bereiche 1 bis 2, 2 bis 3 usw. aufgebaut (s. Flußdiagramm Bild C.5.2), und die Zahl von 10 Grobschritten wird fest programmiert. Am Ende (neue Zeile 82 des Anschlußprogramms) werden die einzelnen Flächen aufsummiert und mit dem Drucker ausgegeben (s. Zeilen 82...96). Die Zeile 82 steht an der Stelle 72 des Ausgangsprogramms aus dem vorigen Beispiel.

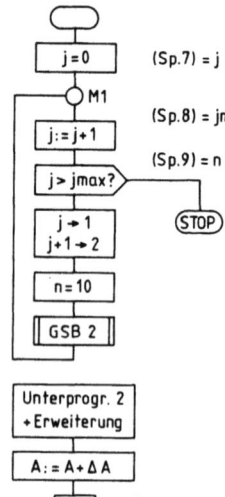

Bild C.5.2 Flußdiagramm zur Interpretation von 1/x

Programm C.5.2: Ermittlung des Integrals von 1/x

```
001     0         026   RCL9      051   RCL3      076     x
002   ST07        027    ÷        052    +        077   RCLA
003   ST00        028   ST03      053   ST06      078    -
004     5         029    0        054   GSB0      079     1
005   ST08        030   ST04      055   ST05      080     5
006  *LBL1        031   RCL9      056   ST+4      081    ÷
007     1         032    2        057   DSZI      082   ST+0
008   ST+7        033    ÷        058   GT03      083   RCL0
009   RCL8        034   STOI      059   RCL4      084   PRTX
010   RCL7        035   RCL1      060   RCL3      085   RCL2
011   X>Y?        036   ST06      061    x        086    LN
012   R/S         037   GSB0      062    3        087   PRTX
013   ST01        038   ST05      063    ÷        088   DSP1
014     1         039  *LBL3      064   F0?       089   RCL2
015     +         040   RCL5      065   GT04      090   PRTX
016   ST02        041   ST+4      066   STOA      091   DSP9
017     1         042   RCL6      067    2        092   SPC
018     0         043   RCL3      068   STx9      093   RTN
019   ST09        044    +        069   SF0       094  *LBL0
020   GSB2        045   ST06      070   GT02      095   1/X
021   GT01        046   GSB0      071  *LBL4      096   RTN
022  *LBL2        047    4        072   STOB      097   R/S
023   RCL2        048    x        073   CF0
024   RCL1        049   ST+4      074    1
025    -          050   RCL6      075    6
```

Ausdruck zum Programm nach Bild C.5.2

```
            R/S
0.693147185  ***      1.609437917  ***
0.693147181  ***      1.609437912  ***
       2.0  ***              5.0  ***

1.098612293  ***      1.791759474  ***
1.098612289  ***      1.791759469  ***
       3.0  ***              6.0  ***

1.386294366  ***
1.386294361  ***
       4.0  ***
```

Das Beispiel zeigt, daß auch hier mit vertretbarem Aufwand eine sehr hohe Genauigkeit erreicht wird. Auf eine Benutzeranleitung kann hier verzichtet werden.

C.6 Differentialgleichungen

Zunächst soll ein Weg für die Lösung einer Differentialgleichung 1. Ordnung angegeben werden, die als verbessertes Polygonzugverfahren bezeichnet werden kann. Wir wählen wieder ein Zahlenbeispiel, bei dem die exakte Lösung bekannt ist, um damit die Brauchbarkeit des Verfahrens und der gewählten Schrittweite beurteilen zu können. Die Anfangswertaufgabe heißt

$$y' = \sqrt{1 + 2 \cdot y} \cdot (x + e^{-x}) \quad \text{mit} \quad y(0) = 1.5. \tag{1}$$

Für den Bereich $x = 0(0.1)1$ sind die y-Werte zu berechnen und die zugehörigen relativen Fehler anzugeben. Die genauen Werte erhalten wir mit der Gleichung

$$y = 1/2 \cdot \left[\left(\frac{x^2}{2} - e^{-x} + 3\right)^2 - 1\right]. \tag{2}$$

Ausgangspunkt für die Berechnung ist das Wertepaar $(x_0; y_0)$ des Punktes P_0 (s. Bild C.6.1). Die Schrittweite ist h. Mit einem ersten Wert $y'(P_0)$ wird in der Intervallmitte der Punkt P_1 bestimmt. Mit $y'(P_1)$ wird dann ein vorläufiger Punkt P_2' an der rechten Intervallgrenze berechnet. Ein neuer Punkt P_3 in der Intervallmitte ergibt sich als Mittel aus P_0 und P_2'. Mit $y'(P_3)$ wird schließlich als Ergebnis der Wert für P_2 berechnet, der dann als neuer Wert P_0 des nächsten Intervalls dient usw.

Das Rechenschema ist aus dem Flußdiagramm (Bild C.6.2) erkennbar. Das zweimalige Durchlaufen des mittleren Abschnittes wird mit der Signalflagge F2 gesteuert. Bei der Abfrage wird diese Flagge automatisch gelöscht, so daß kein getrennter Löschbefehl mehr erforderlich ist.

Das Kernprogramm ist mit der Zeile 57 beendet (s. Programm C.6.1). Durch einen kleinen Zusatz (Setzen der Flagge F0, Abfrage Zeile 30) kann das ergänzende Unterprogramm 5 ab Zeile 73 gerufen werden, welches den prozentualen Fehler mit ausdruckt. Bei der Schrittweite $x = 0.1$ wird der relative Fehler im Bereich $x = 0...1$ kaum größer als 0.003 %!

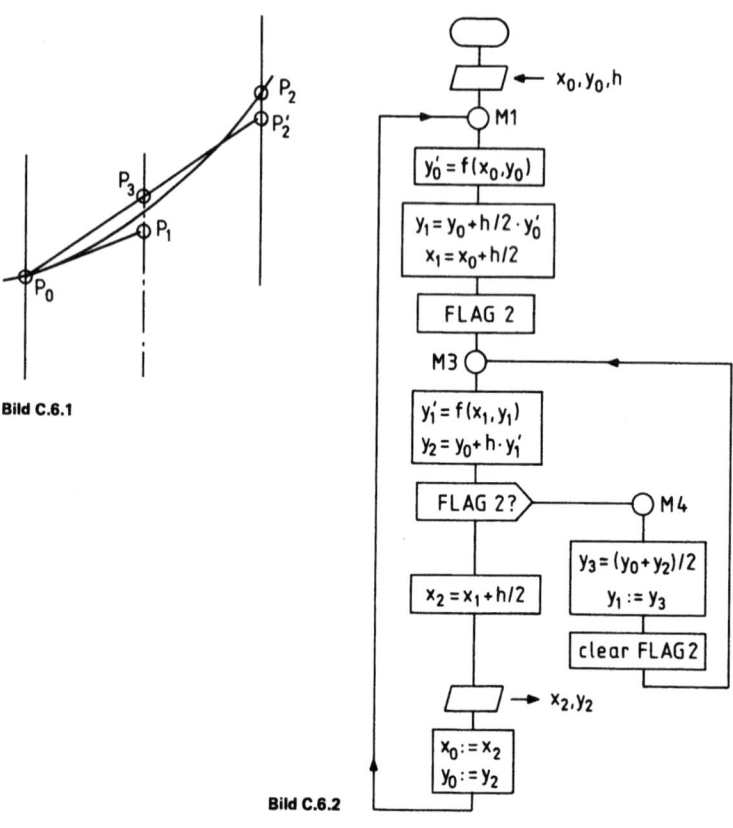

Bild C.6.1

Bild C.6.2

Dem interessierten Leser wird empfohlen, das Programm so abzuändern, daß nur die Werte bei $x = 0.5$ und 1.0 ausgeschrieben werden. Er wird dann die Werte der folgenden Tabelle für den jeweiligen relativen Fehler finden:

x	h = 0.1	0.05	0.02
0.5	$-33 \cdot 10^{-6}$	$-7.25 \cdot 10^{-6}$	$-1.06 \cdot 10^{-6}$
1.0	$-0.49 \cdot 10^{-6}$	$1.69 \cdot 10^{-6}$	$0.45 \cdot 10^{-6}$

Rechenzeit für die letzte Spalte ca. 6 Minuten.

Programm C.6.1

001	*LBL1	026	RCL2	051	ENT↑	076	2
002	GSB2	027	PRTX	052	e^x	077	÷
003	RCL5	028	ST00	053	1/X	078	RCL3
004	×	029	ST06	054	+	079	e^x
005	RCL0	030	F0?	055	×	080	1/X
006	+	031	GSB5	056	RTN	081	−
007	ST01	032	SPC	057	*LBLA	082	3
008	RCL5	033	GT01	058	0	083	+
009	ST+3	034	*LBL4	059	ST03	084	X^2
010	SF2	035	RCL0	060	1	085	1
011	*LBL3	036	RCL2	061	.	086	−
012	RCL1	037	+	062	5	087	2
013	ST06	038	2	063	ST06	088	÷
014	GSB2	039	÷	064	ST00	089	RCL6
015	RCL4	040	ST01	065	.	090	X⇄Y
016	×	041	GT03	066	1	091	÷
017	RCL0	042	RTN	067	ST04	092	1
018	+	043	*LBL2	068	.	093	−
019	ST02	044	RCL6	069	0	094	1
020	F2?	045	2	070	5	095	0
021	GT04	046	×	071	ST05	096	0
022	RCL5	047	1	072	RTN	097	×
023	ST+3	048	+	073	*LBL5	098	PRTX
024	RCL3	049	√X	074	RCL3	099	RTN
025	PRTX	050	RCL3	075	X^2	100	R/S

```
         SF0
        GSBA
        GSB1
0.100000000  ***        0.400000000  ***        0.700000000  ***
1.705317736  ***        2.403199301  ***        3.276808291  ***
-0.001389750 ***       -0.003305480  ***       -0.002544480  ***

0.200000000  ***        0.500000000  ***        0.800000000  ***
1.922747265  ***        2.671255755  ***        3.620308633  ***
-0.002386320 ***       -0.003299990  ***       -0.001863510  ***

0.300000000  ***        0.600000000  ***        0.900000000  ***
2.154561908  ***        2.961486236  ***        3.995251408  ***
-0.003013510 ***       -0.003034470  ***       -0.001022300  ***

                                                1.000000000  ***
                                                4.405087423  ***
                                               -0.000049370  ***
```

Benutzeranleitung

Programm: C.6.1 [LBL] 1   Kurzzeichen: DGL.1.0.
Länge: 100 Zeilen   Rechner-Typ: HP 97
Aufgabe: Lösung einer Differentialgleichung erster Ordnung

Speicherbelegung	Taste(n)	Anzeige	Eingabe	Bemerkung
$y_0 \to (0)$	A	0.05	–	Anfangswerte
$x_0, x_1, x_2 \to (3)$	GSB 1	Tabellenausdruck		
$y_1 \to (1)$		Wurde vorher manuell (STF 0)		
$y_2 \to (2)$		die FLAGGE 0 gesetzt, dann		
$h \to (4)$		wird der Fehler mit ausgedruckt		
$h/2 \to (5)$		(s. Zeile 30, 31; 73...99).		
$y \to (6)$				

Als weiteres Beispiel soll eine Methode zur Lösung der einfachen Schwingungsdifferentialgleichung 2. Ordnung $\overset{\circ\circ}{y} = -w^2 \cdot y$ angegeben werden. Der Lösungsweg ist aus dem Flußdiagramm (Bild C.6.3) erkennbar. Die Indizes für die linke Seite, Mitte und rechte Seite eines Intervalls sind wieder 0; 1 und 2. Zunächst wird $\overset{\circ\circ}{y}_0$ für die linke Seite berechnet. Damit wird $\overset{\circ}{y}_1$ in der Mitte bestimmt. Mit diesem $\overset{\circ}{y}_1$ wird y_1 in der Mitte näherungsweise bestimmt. Dieses y_1 dient zur Berechnung von $\overset{\circ\circ}{y}_1$. Hiermit wird dann $\overset{\circ}{y}_2$ bestimmt. Schließlich wird das Mittel aus $\overset{\circ}{y}_0$ und $\overset{\circ}{y}_2$ für die Bestimmung von y_2 verwendet. Der mathematisch Interessierte könnte hier noch weitere Verfeinerungen anbringen [1]. Für unsere grundsätzliche Darstellung soll es genügen. Genauigkeitssteigerungen sind in den meisten Fällen leichter durch Schrittverkleinerung erreichbar als durch Verfeinerung der Methoden.

Die mathematische Lösung der Gleichung ist

$$y = y_s \cdot \cos(w \cdot t - \varphi_0).$$

Als spezielles Zahlenbeispiel gehen wir hier aus von den Werten zur Zeit $t = 0$:

$y(0) = y_s \cdot \cos 30°$
$\overset{\circ}{y}(0) = -w \cdot y_s \cdot \sin 30°$
$y_s = 1$
$w = 2 \cdot \pi/7.2\ s$

Die exakte Lösung ist dann $y = 1 \cdot \cos(w \cdot t - 30°)$.
Wir können sie zur Fehlerbestimmung des Verfahrens heranziehen.

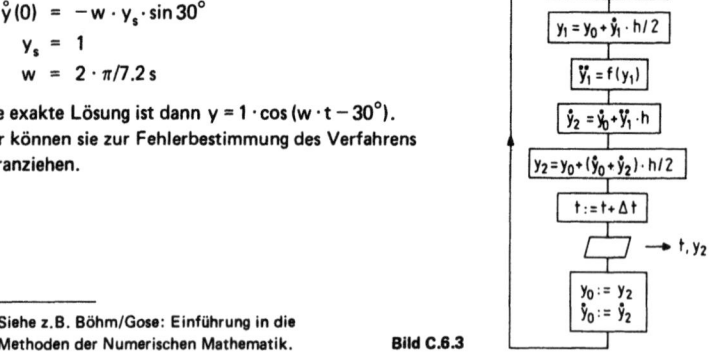

Bild C.6.3

[1] Siehe z.B. Böhm/Gose: Einführung in die Methoden der Numerischen Mathematik.

Im Programm C.6.2 werden im ersten Teil A zunächst die Anfangswerte y(0), Δt, ẏ(0) und w eingelesen. Mit GSB 1 beginnt dann die Rechnung, und die Tabelle wird ausgedruckt. Bei einem Zeitschritt von 0.1 s werden für eine Periode etwa 2 Minuten Rechenzeit benötigt. Die Tabelle zeigt in stark verkürzter Form die mit verschiedenen Schrittweiten berechneten Werte.

t	y$_{soll}$	y näherungsweise berechnet mit			
		Δt = 0.2	0.1	0.05	0.02 s
0.6	1	0.999 970	0.999 996	1.000 000	1.000 000
2.4	0	0.005 541	0.001 359	0.000 336	0.000 053
4.2	−1	−0.998 882	−0.999 863	−0.999 983	−0.999 999
6.0	0	−0.013 461	−0.003 350	−0.000 834	−0.000 133
7.8	1	0.997 733	0.999 726	0.999 966	0.999 998
9.6	0	0.021 363	0.005 340	0.001 333	0.000 213
11.4	−1	−0.996 523	−0.999 585	−0.999 949	−0.999 997
13.2	0	−0.029 248	−0.007 330	−0.001 831	−0.000 293
15.0	1	0.995 251	0.999 440	0.999 932	0.999 996

Programm C.6.2

```
001  *LBLA     018  RTN      038  RCL4     058  RCL6
002  0         019  *LBL1    039  +        059  ST04
003  R/S       020  RCL0     040  RCL3     060  GTO1
004  ST00      021  GSB0     041  x        061  RTN
005  3         022  RCL3     042  RCL0     062  *LBL0
006  R/S       023  x        043  +        063  RCL5
007  2         024  RCL4     044  ST02     064  X²
008  ÷         025  +        045  RCL3     065  x
009  ST03      026  RCL3     046  2        066  CHS
010  4         027  x        047  x        067  RTN
011  R/S       028  RCL0     048  ST+1     068  *LBL2
012  ST04      029  +        049  RCL1     069  DSP2
013  5         030  GSB0     050  .        070  RCL1
014  R/S       031  RCL3     051  6        071  PRTX
015  ST05      032  x        052  ÷        072  DSP6
016  0         033  2        053  FRC      073  RCL2
017  ST01      034  x        054  X=0?     074  PRTX
                035  RCL4     055  GSB2     075  SPC
                036  +        056  RCL2     076  RTN
                037  ST06     057  ST00     077  R/S
```

D Beispiele aus der Technik

Im folgenden Hauptabschnitt werden einige willkürlich herausgegriffene Beispiele aus dem Bereich der Technik behandelt, welche als Anregungen und zur Vertiefung des bis hier erworbenen Wissens für Ingenieure der verschiedenen Disziplinen gedacht sind. Die Behandlung der komplexen Rechnung dürfte darüber hinaus für Elektroingenieure von allgemeinem Interesse sein.

D.1 Mechanik und Dynamik

D.1.1 Kräfte in der Ebene an einem Punkt

Zwei Stäbe sind im Verbindungspunkt P gelenkig miteinander verbunden und in P_1 bzw. P_2 gelenkig befestigt (s. Bild D.1.1/1). Im Punkt P greifen n Kräfte $F_1, ..., F_k, ..., F_n$ an, deren Wirkungslinien in der Ebene der beiden Stäbe liegen und mit der x-Achse die im Uhrzeigersinn gemessenen Winkel $\alpha_1, ..., \alpha_k, ..., \alpha_n$ bilden. Die Winkel β werden in der gezeichneten Pfeilrichtung positiv gezählt. Es sollen die am Punkt P angreifenden Stabkräfte F_{s1} und F_{s2} berechnet werden.

Die Gleichgewichtsbedingung der Statik fordert, daß die geometrische Summe der Kräfte im Punkt P gleich null sein muß. Summieren wir alle Kräfte F_k zu einer Summenkraft F mit dem Winkel α gegenüber der x-Achse, dann stellt Bild D.1.1/2 die Gleichgewichtsbedingung dar, die wir zur Berechnung heranziehen.

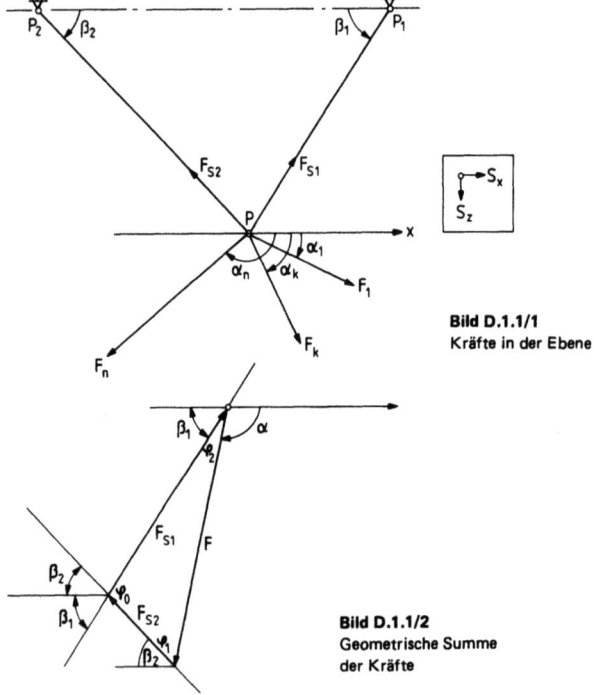

Bild D.1.1/1
Kräfte in der Ebene

Bild D.1.1/2
Geometrische Summe der Kräfte

Aus dem Bild läßt sich
direkt ablesen

$\varphi_0 = \beta_1 + \beta_2$
$\varphi_1 = \alpha - \beta_2$
$\varphi_2 = 180° - (\alpha + \beta_1)$.

Kürzen wir noch ab
$F/\sin \varphi_0 = C3$, dann lassen
sich die Gleichungen für
die Stabkräfte nach dem
Sinussatz hinschreiben

$F_{s1} = C3 \cdot \sin \varphi_1$
$F_{s2} = C3 \cdot \sin \varphi_2$.

Die weiteren Einzelheiten
sind dem Flußdiagramm
und dem Programm zu ent-
nehmen. Im Flußdiagramm
sind zur Orientierung einige
Programmzeilen angeschrieben.

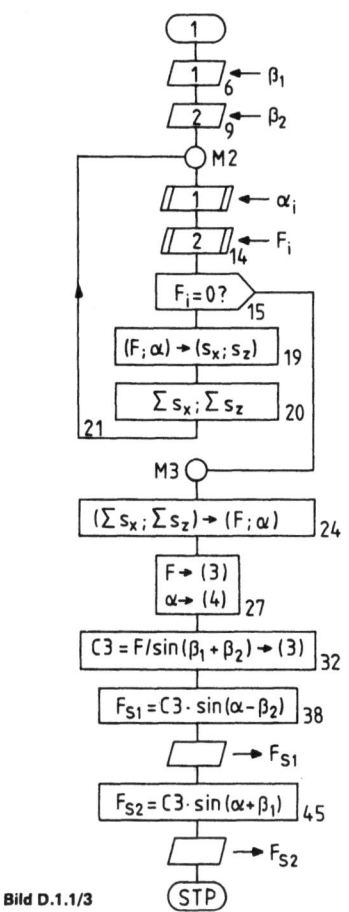

Bild D.1.1/3

Programm D.1.1

001	*LBL1	013	2	025	STO3	037	RCL3
002	RCLΣ	014	R/S	026	X⇄Y	038	×
003	Σ-	015	X=0?	027	STO4	039	PRTX
004	1	016	GTO3	028	RCL1	040	RCL4
005	R/S	017	X⇄Y	029	RCL2	041	RCL1
006	STO1	018	R↓	030	+	042	+
007	2	019	→R	031	SIN	043	SIN
008	R/S	020	Σ+	032	ST÷3	044	RCL3
009	STO2	021	GTO2	033	RCL4	045	×
010	*LBL2	022	*LBL3	034	RCL2	046	PRTX
011	1	023	RCLΣ	035	-	047	RTN
012	R/S	024	→P	036	SIN	048	R/S

Benutzeranleitung

Programm: 790212.2247 [LBL] 1, 2, 3 Kurzzeichen: STAT 1
Länge: 47 Zeilen Rechner-Typ:
Aufgabe: Berechnung von Stabkräften in der Ebene

Speicherbelegung	Taste(n)	Anzeige	Eingabe	Bemerkung
$\beta_1 \to (1)$	GSB 1	1	β_1	
$\beta_2 \to (2)$	R/S	2	β_2	
F, C3 $\to$ (3)	R/S	1	α_1	
$\alpha \to (4)$	R/S	2	F_1	
$s_x \to (14)$	R/S	1	α_2	
$s_z \to (16)$	R/S	2	F_2	
	usw.			
	R/S	1	α_n	
	R/S	2	F_n	
	R/S	1	0	
	R/S	2	0	
	R/S	Ausdruck: F_{s1}, F_{s2}		

Ein Zahlenbeispiel mit den Wertepaaren der nebenstehenden
Tabelle liefert als Ergebnis mit $\beta_1 = 40°$ und $\beta_2 = 30°$

F_{s1} = 11.358 kN
F_{s2} = 10.634 kN

F_k kN	k Grad
4.65	0
3.08	45
6.72	90
5.26	135
2.60	180

D.1.2 Maximales Biegemoment

Ein an den Enden gelenkig gelagerter Balken werde nach Bild D.1.2/1 mit n Kräften $F_1, \ldots F_k, \ldots F_n$ senkrecht zur Balkenachse belastet. Es soll ein Programm zur Ermittlung der Auflagerkräfte F_A und F_B, des maximalen Biegemomentes M_{max} und des zugehörigen Abstandes x_{max} geschrieben werden. Die Balkenlänge ist l, die Querkraft wird mit Q bezeichnet und das Biegemoment mit M. Die Berechnung erfolgt mit den folgenden Formeln (s. Bild D.1.2/1)

$F_B \cdot l = \Sigma F_k \cdot x_k$ (Momentensumme = 0)
$F_A = \Sigma F_k - F_B$ (Kräftesumme = 0).

Durch den Begriff Querkraft wird die Kraft definiert, mit welcher an einer gedachten Schnittstelle im Punkte x die rechte Seite die linke Seite „quer" belastet, wobei Kräfte nach unten positiv gezählt werden. Um die Zählrichtung konsequent einzuhalten, nennen wir die Kräfte an der Stelle x = 0 $F_0 = -F_A$ und an der Stelle x = l $F_{n+1} = -F_B$.

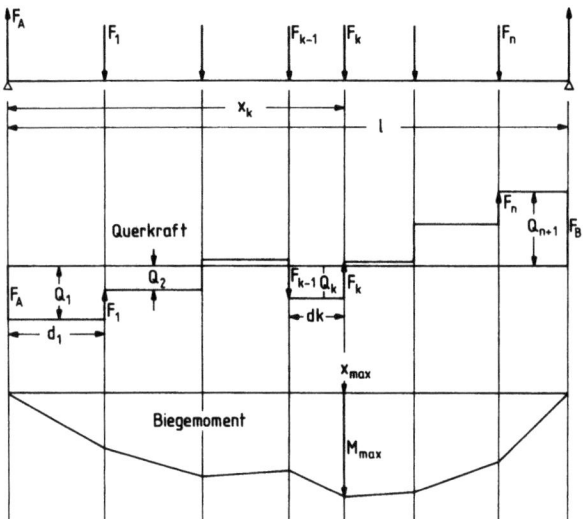

Bild D.1.2/1 Belasteter Balken (F_{k-1} negativ angenommen)

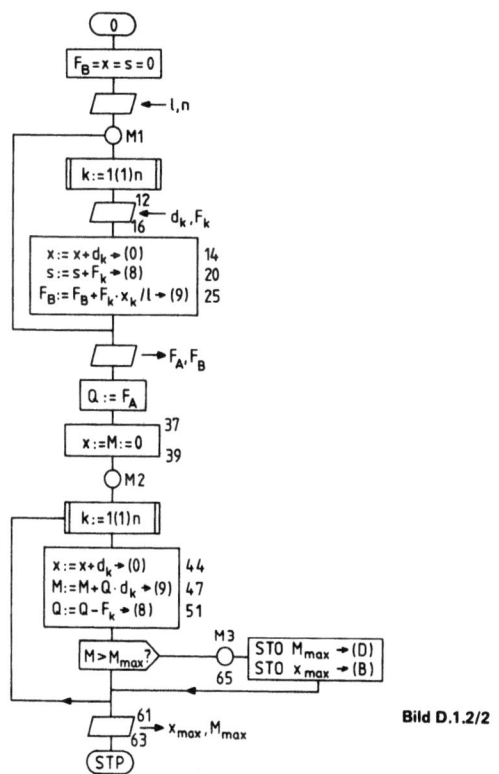

Bild D.1.2/2

Programm D.1.2

```
001  *LBL0           018  STOi          035  RCL9  F_B     053  RCL9
002  CLRG            019  P⇄S           036  PRTX           054  X>Y?
003  1               020  ST+8  s=ΣF    037  0              055  GSB3
004  R/S  → I        021  RCL0          038  STO0           056  RCLI
005  STOC            022  x             039  STO9           057  RCLE
006  2               023  RCLC          040  STOI           058  X≠Y?  k<n?
007  R/S  → n        024  ÷             041  *LBL2          059  GTO2
008  STOE            025  ST+9  F_B     042  ISZI           060  RCLB  x_max
009  *LBL1           026  RCLI          043  RCLi           061  PRTX
010  ISZI            027  RCLE          044  ST+0  x        062  RCLD  M_max
011  RCLI            028  X≠Y?  k<n?    045  RCL8           063  PRTX
012  R/S  → d_k      029  GTO1          046  x              064  RTN
013  STOi            030  RCL9          047  ST+9  M        065  *LBL3
014  ST+0            031  ST-8          048  P⇄S            066  STOD  M_max
015  X⇄Y             032  RCL8  F_A     049  RCLi           067  RCL0
016  R/S  → F_k      033  SPC           050  P⇄S            068  STOB
017  P⇄S             034  PRTX          051  ST-8  Q        069  RTN
                                        052  RCLD           070  R/S
```

Für Punkte links von x = 0 wirkt keine Kraft. Formal wäre dort also zu setzen $Q_0 = 0$.
In einem Bereich $[x_{k-1}; x_k]$ ist dann die Querkraft

$$Q_k = Q_{k-1} - F_{k-1}.$$

Das Biegemoment, welches für $x \leq 0$ ebenfalls den Wert 0 hat, wird als Integral der Querkraft berechnet, welches hier durch Summenbildung gewonnen wird

$$M_k = M_{k-1} + Q_k \cdot d_k.$$

Für das Programm kürzen wir noch ab $\Sigma F_k = s$.

Für den Fall, daß nur positive Kräfte F_k auftreten, könnte das Programm noch wesentlich vereinfacht werden, da dann der einzige Nulldurchgang der Querkraftkurve den Ort des Maximums eindeutig ergibt und die Maximumabfrage entfallen kann.

Benutzeranleitung

Programm: 790212.1569　|LBL| 0, 1, 2, 3　　　Kurzzeichen: MAX.MOM.
Länge: 69 Zeilen　　　　　　　　　　　　　　　Rechner-Typ: 67, 97
Aufgabe: Bestimmung des maximalen Biegemoments beim zweiseitig gelagerten Balken

Speicherbelegung	Taste(n)	Anzeige	Eingabe	Bemerkung
x → (0)	GSB 0	1	I	
s, Q → (8)	R/S	2	n	
F_B, M → (9)	R/S	1	d_1	
x_{max} → (B)	R/S	1	F_1	
I → (C)	R/S	2	d_2	
M_{max} → (D)	R/S	2	F_2	
n → (E)	R/S	usw.		
d_1, F_1 → (1), (11)	R/S	n	d_n	
d_2, F_2 → (2), (12)	R/S	n	F_n	
d_3, F_3 → (3), (13)	R/S	Druck: $F_A, F_B,$ x_{max}, M_{max}		
usw.				

Zahlenbeispiel: Für die Zahlenwerte der nebenstehenden Tabelle erhalten wir die Ergebnisse

F_A = 14.21 kN
F_B = 20.39 kN
x_{max} = 4.9 m
M_{max} = 34.59 kN m

d_k m	F kN
1.4	8.4
1.5	6.9
1.2	−10.2
0.8	9.4
1.0	11.3
1.2	8.8
1.0	

l = 8.1 m
n = 6

D.1.3 Aufstieg einer Rakete

Eine Rakete wird aus dem Stillstand durch den ausströmenden Treibstoff senkrecht nach oben bewegt.

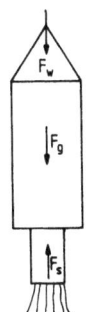

Bild D.1.3/1

Gegeben:

m_R = 260 kg (Masse der Rakete)
m_{to} = 240 kg (Anfangsmasse des Treibstoffes)
T = 15 s (Brenndauer)
v_r = 2000 m/s (relative Ausströmgeschwindigkeit des Treibstoffes)
c_w = 0.18 (Luftwiderstandsbeiwert der Rakete)
ρ_0 = 1.293 $\frac{kg}{m^3}$ (Luftdichte an der Erdoberfläche)
A = 1.62 m² (Schattenfläche der Rakete, die vom Luftstrom erfaßt wird)
g = 9.80665 m/s² (Erdbeschleunigung; konstant angenommen)

Die Grundgleichung für die Bewegung (Kraft = Masse mal Beschleunigung) lautet

m(t) · a = F.

Dabei ist a = dv/dt und F = F_s − F_w − F_g mit m(t) = m_R + m_t und
m_t = m_{to} · (1 − t/T) = m_{to} − $\dot{m}$ · t.
Die gesamte Anfangsmasse ist m_0 = m_{to} + m_R = 500 kg. Die Schubkraft ist
F_s = $\dot{m}$ · v_r = 32000 N. Die Gewichtskraft ist F_g = m(t) · g und die Luftwiderstandskraft
F_w = c_w · A · 1/2 · ρ · v^2 [4]. Die Luftdichte als Funktion der Höhe ist in einem DIN-Blatt als Normalatmosphäre festgelegt (DIN 5450, [5]). Sie kann hier mit brauchbarer Näherung vereinfacht dargestellt werden durch die Gleichung $\rho = \rho_0 \cdot e^{-h/H}$. Dabei ist H die Höhenkonstante, für die hier ein mittlerer Wert von 10 000 m angenommen wurde. Damit wird die Gleichung für die Beschleunigung

$$a = \frac{F_s - c \cdot e^{-h/H} \cdot v^2}{m_0 - \dot{m} \cdot t} - g$$

mit $\dot{m}$ = 16 kg/s und c = c_w · A · ρ_0/2 = 0.1885 kg/m.

Die Gleichung ist nicht in geschlossener Form lösbar. Wir programmieren wieder eine Näherungslösung mit einem endlichen Zeitschritt. Der Grundgedanke der Lösung ist der, daß wir zunächst mit dem Beschleunigungswert am Anfang des Zeitstreifens die Geschwindigkeit in der Mitte des Streifens als 1. Näherung ermitteln.

Mit dieser Geschwindigkeit und der zugehörigen Zeit ermitteln wir den ersten Näherungswert für die Höhe in der Mitte des Zeitstreifens. Mit diesen vorläufigen Werten wird ein besserer Wert der Beschleunigung berechnet, der wesentlich genauer mit dem Mittelwert übereinstimmt als der Anfangswert. Damit werden Geschwindigkeit und Höhe für die rechte Seite des Zeitstreifens berechnet.

Der Fehler des Verfahrens sinkt quadratisch mit der Streifenbreite (dem Zeitschritt Δt). Werden zwei Programmläufe gemacht mit Δt_1 und $\Delta t_2 = 1/2 \cdot \Delta t_1$, dann kann der genauere Wert durch eine Fehlerkorrektur schon sehr gut angenähert werden. Es wird dann

$$v = \frac{4 \cdot v_2 - v_1}{3}; \qquad h = \frac{4 \cdot h_2 - h_1}{3},$$

wobei die Werte mit dem Index 2 sich auf die halbierte Schrittweite beziehen.

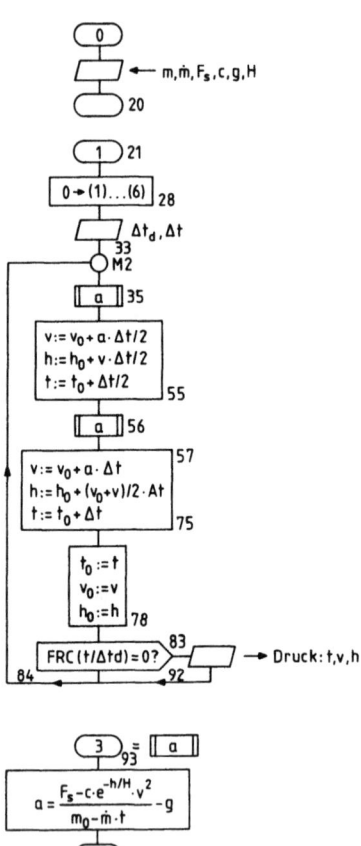

Bild D.1.3/2

Programm D.1.3

001	*LBL0	024	*LBL4	047	RCL6	070	ST05	093	*LBL3
002	0	025	0	048	+	071	ST06	094	RCL5
003	R/S	026	STOi	049	ST05	072	RCLD	095	RCLE
004	ST07	027	DSZI	050	RCL4	073	RCL4	096	÷
005	1	028	GT04	051	RCLD	074	+	097	e^x
006	R/S	029	R/S	052	2	075	ST03	098	1/X
007	ST08	030	ST00	053	÷	076	ST04	099	RCLC
008	2	031	1	054	+	077	RCL1	100	X
009	R/S	032	R/S	055	ST03	078	ST02	101	RCL1
010	ST09	033	STOD	056	GSB3	079	RCL4	102	X^2
011	3	034	*LBL2	057	RCLD	080	RCL0	103	X
012	R/S	035	GSB3	058	X	081	÷	104	CH8
013	STOC	036	RCLD	059	RCL2	082	FRC	105	RCL9
014	4	037	X	060	+	083	X≠0?	106	+
015	R/S	038	2	061	ST01	084	GT02	107	RCL7
016	STOB	039	÷	062	RCL2	085	RCL4	108	RCL8
017	5	040	RCL2	063	+	086	PRTX	109	RCL3
018	R/S	041	+	064	2	087	RCL2	110	X
019	STOE	042	ST01	065	÷	088	PRTX	111	-
020	RTN	043	RCLD	066	RCLD	089	RCL6	112	÷
021	*LBL1	044	X	067	X	090	PRTX	113	RCLB
022	6	045	2	068	RCL6	091	SPC	114	-
023	STOI	046	÷	069	+	092	GT02	115	RTN
								116	R/S

Tabelle D.1.3

```
            GSB1                    GSB1
  5.0000    R/S           5.0000    R/S
  1.0000    R/S            .5000    R/S
  5.0000    ***           5.0000    ***
252.2601    ***         252.2452    ***
662.5651    ***         662.9799    ***

 10.0000    ***          10.0000    ***
387.6823    ***         388.0842    ***
2305.8983   ***         2308.9275   ***

 15.0000    ***          15.0000    ***
462.4105    ***         462.6218    ***
4439.0152   ***         4443.9239   ***
```

Es sei die Aufgabe gestellt, Geschwindigkeit und Flughöhe am Ende der Brenndauer T = 15 s zu berechnen. In der Tabelle sind die Werte t, v, h ausgedruckt für eine Schrittweite von 1 s (links) und 0.5 s (rechts). Als Δt_d (Druckschrittweite) wurde 5 s gewählt. Mit den Tabellenwerten für 15 s und der genannten Fehlerkorrekturgleichung ergibt sich dann als verbessertes Endergebnis

t = 15 s; v = 462.687 m/s; h = 4445.56 m.

Wie eine Nachprüfung mit kleinerer Schrittweite ergibt, werden dabei die genaueren Werte

v = 462.682 m/s; h = 4445.47 m

schon mit sehr guter Näherung erreicht.

Benutzeranleitung

Programm: 790314.0115 $\boxed{\text{LBL}}$ 0, 1, 2, 3, 4   Kurzzeichen: Rakete
Länge: 115 Zeilen   Rechner-Typ: 67, 97
Aufgabe: Berechnung von Geschwindigkeit und Höhe einer Rakete

Speicherbelegung	Taste(n)	Anzeige	Eingabe	Bemerkung
$\Delta t_d \to (0)$	GSB 0	0	m_0	
$v \to (1)$	R/S	1	$\dot m$	
$v_0 \to (2)$ $t \to (3)$	R/S	2	F_s	
$t_0 \to (4)$	R/S	3	c	
$h \to (5)$ $h_0 \to (6)$	R/S	4	g	
$m_0 \to (7)$	R/S	5	H	
$\dot m \to (8)$	R/S	H	—	
$F_s \to (9)$ $g \to (B)$	GSB 1	0	Δt_d	
$c \to (C)$	R/S	1	Δt	
$\Delta t \to (D)$ $H \to (E)$	R/S	Tabellenausgabe: t, v, h		

D.1.4 Anfahrvorgang beim Kraftfahrzeug

Es sei die Aufgabe gestellt, die Geschwindigkeit als Funktion der Zeit beim Anfahren eines PKW angenähert zu berechnen. Der Berechnung wird die Vollastkennlinie des Antriebsmotors M = f(n) zu Grunde gelegt, und es wird kein Unterschied zwischen statischer und dynamischer Kennlinie gemacht. Mit den mechanischen Übersetzungen, dem Radhalbmesser und einem angenommenen mechanischen Wirkungsgrad der Kraftübertragung läßt sich dann die Vortriebskraft einfach berechnen. Bei der Bestimmung der Masse taucht insofern eine Schwierigkeit auf, als im Hinblick auf die Beschleunigung ein Zuschlag für die rotierenden Massen gemacht werden muß. Dieser Zuschlag müßte für die verschiedenen Gänge verschieden sein. Hier wird mit einem global geschätzten Zuschlag gerechnet (im angegebenen Zahlenbeispiel ist die Fahrzeugmasse 950 kg, zwei Insassen 150 kg, Massenzuschlag 10 %). Eine weitere Schwierigkeit taucht beim Starten auf, da dann das Moment bei rutschender Kupplung übertragen wird und zahlenmäßig schwer erfaßbar ist. Hier wurde als vorläufiger Ansatz die Annahme gemacht, daß in der Startphase ein konstantes Moment im 1. Gang übertragen wird, welches bis zum Ende der Startphase im Zeitpunkt tA wirkt. Dann erst wird die weitere Rechnung dem eigentlichen Programm „übergeben". Das Zahlenbeispiel zeigt, daß dies ein schwacher Punkt ist. Eine angenommene echte Totzeit am Beginn könnte eine Verbesserung bringen. Dem Verfasser liegt leider kein ausreichendes Zahlenmaterial vor, um diesen Punkt zu verbessern.

Die Rollwiderstandskraft wurde unabhängig von der Fahrgeschwindigkeit konstant angenommen. Der Luftwiderstand wurde mit den bekannten Gleichungen [4] mit einer Luftdichte von 1.2 kg/m^3 und einem einzugebenden Luftwiderstandsbeiwert cw berechnet.

Um den Einfluß der Schaltverzögerungen Δts, die auf Zehntel Sekunden abgerundet sein müssen, genau zu erfassen, läuft das Programm so lange mit einem Zeitschritt $\Delta t = 0.1$ s, bis in den 4. Gang „umgeschaltet" wird (die von der gewählten Maximaldrehzahl abhängigen Gangumschaltungen werden im Ausdruck -0.5 s-Abstand $-$ durch eine Leerzeile angezeigt). Dann wird der Zeitschritt auf 0.5 s vergrößert und der Abstand der Druckausgabe auf 5 s erhöht, wobei als Ausgabezeiten nur die durch 5 s teilbaren erscheinen. Das Programm wird dann zu beliebiger Zeit manuell gestoppt. Eine Anschlußrechnung mit einem Unterprogramm A berechnet die Maximalgeschwindigkeit (Soll diese vorher berechnet werden, dann müssen die Daten aus dem ersten Programmteil mit einem DATA-Streifen festgehalten und am Beginn der Rechnung B neu eingegeben werden.)

Das Programm besteht aus zwei Teilen A und B. Im Teil A werden alle wichtigen Daten eingelesen und für die Weiterverarbeitung vorbereitet. Im Teil B wird die Beschleunigungsrechnung durchgeführt und die Tabelle ausgedruckt. Die weiteren Einzelheiten sind dem Flußdiagramm, dem Programm und der Benutzeranleitung zu entnehmen.

Das genannte Zahlenbeispiel stammt aus Testdaten [6]. Berechnete und gemessene Werte sind in der Tabelle gegenübergestellt und zeigen eine recht brauchbare Übereinstimmung.

Tabelle

Geschwindigkeit km/h	Anfahrzeit mit Programm berechnet (vA = 10 km/h)	Anfahrzeit im Test gemessen
60	5.22	5.7
80	8.44	8.7
100	12.69	13.3
120	18.80	18.9
140	29.49	29.5
vMax:	166.87	167.2

Benutzte Formelzeichen und Abkürzungen

F	Fahrzeugantriebskraft
Fa	Fahrzeugbeschleunigungskraft
FR0	Rollwiderstandskraft
FL	Luftwiderstandskraft
Fw	Fahrzeugwiderstandskraft Fw=FRo+FL(+Fst bei Steigungen)
Fo	Fahrzeugantriebskraft (ohne Widerstand) bei Übersetzung 1:1
Fi	Fahrzeugantriebskraft im Gang i
u	Übersetzung
uo	Übersetzung Motor–Antriebsachse
ui = u1...u4	Getriebeübersetzungen 1. bis 4. Gang
η	mechanischer Wirkungsgrad
r	Radhalbmesser
M1...M5	Antriebsmomente an der Motorachse bei den Drehzahlen n1...n5
vo	Fahrzeuggeschwindigkeit bei Getriebeübersetzung 1:1
nMax	zugelassene oder frei gewählte maximale Drehzahl des Motors
voMax	zugehörige Geschwindigkeit bei Übersetzung 1:1
A0...A4	Koeffizienten der Gleichung für die Antriebskraft als Funktion der Geschwindigkeit vo
Δts	Verzögerung beim Umschalten von einem Gang in den nächsten
m	wirksame Fahrzeugmasse=Fahrzeug+Fahrer+Zuschlag für rotierende Massen
cw	Luftwiderstandsbeiwert
a	Beschleunigung
tA	theoretische Anfahrzeit mit konstant angenommenem Antriebsmoment
tA'	tA abgerundet auf Zehntel-Sekunden
vA'	zugehörige Geschwindigkeit nach Ablauf von tA'
Δt	Zeitschritt
vo	Geschwindigkeit an der Grenze eines Zeitschrittes
to	zugehörige Zeit
x	Anzeige im (X)-Register
FRC	Bruchteil einer Zahl(fraction)
vMax	maximale Geschwindigkeit des Fahrzeugs

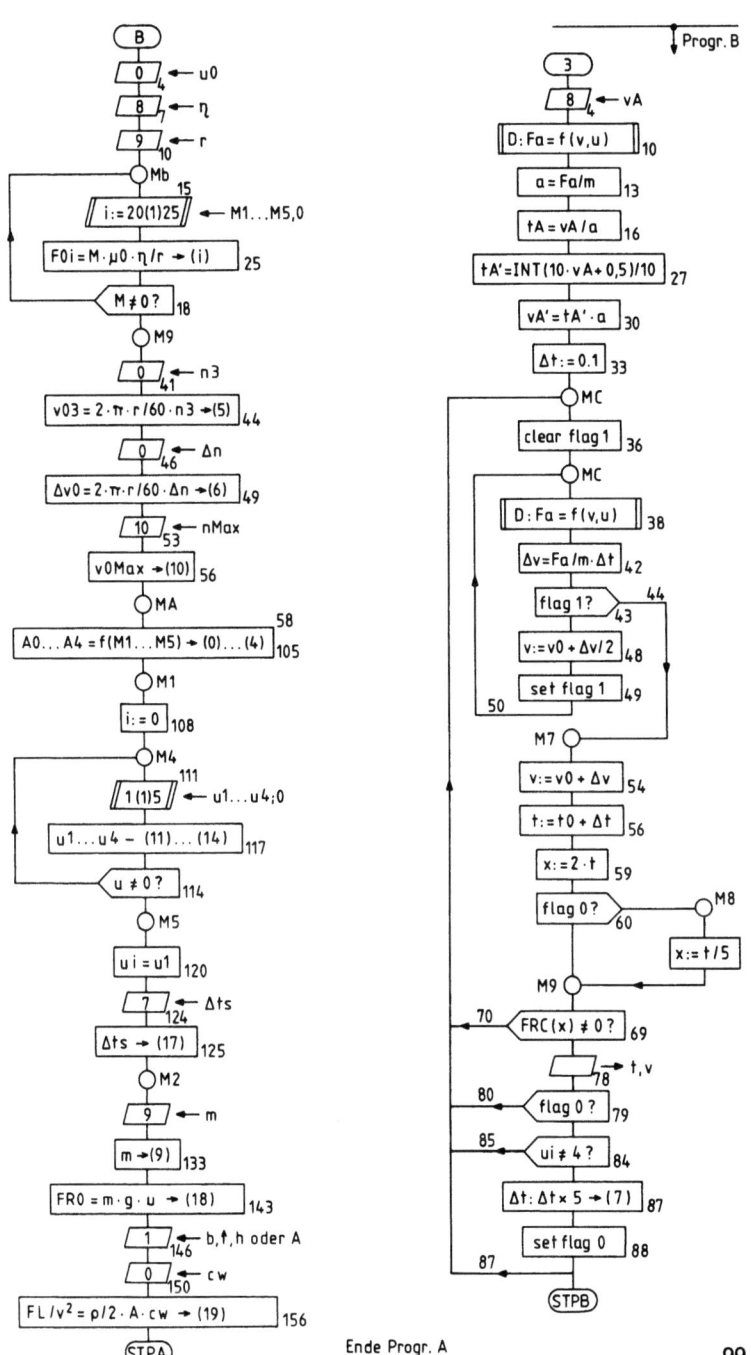

Ende Progr. A

99

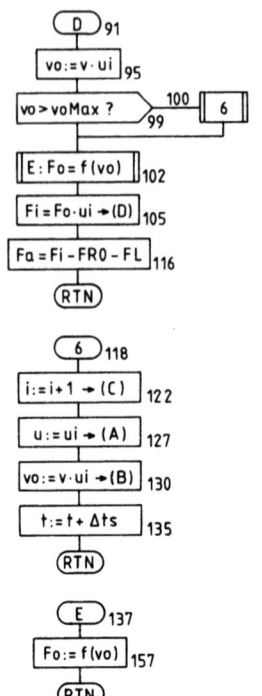
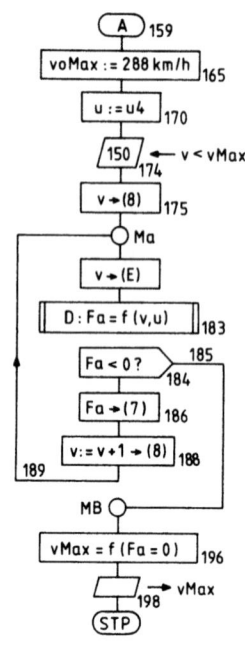

Programm D.1.4/A

001	*LBLB	041	R/S	081	STO0	121	1
002	CLX	042	+	082	4	122	STOC
003	R/S	043	x	083	÷	123	7
004	STO0	044	STO5	084	ST+4	124	R/S
005	8	045	CLX	085	5	125	STO7
006	R/S	046	R/S	086	x	126	P⇄S
007	STO8	047	+	087	ST-2	127	*LBL2
008	9	048	x	088	RCLB	128	1
009	R/S	049	STO6	089	RCLD	129	8
010	STO9	050	1	090	+	130	STOI
011	2	051	0	091	6	131	9
012	0	052	STOI	092	÷	132	R/S
013	STOI	053	R/S	093	ST-4	133	STO9
014	*LBLb	054	R↑	094	4	134	9
015	RCLI	055	x	095	x	135	.
016	R/S	056	STOi	096	ST+2	136	8
017	X=0?	057	*LBLA	097	RCLB	137	x
018	GTO9	058	0	098	RCLD	138	.
019	RCL0	059	STO0	099	-	139	0
020	x	060	STO1	100	6	140	1
021	RCL9	061	STO2	101	÷	141	3
022	÷	062	STO3	102	ST+3	142	x
023	RCL8	063	STO4	103	4	143	STOi
024	x	064	RCLA	104	x	144	ISZI
025	STOi	065	RCLE	105	ST-1	145	1
026	ISZI	066	-	106	*LBL1	146	R/S
027	GTOb	067	1	107	0	147	x
028	*LBL9	068	2	108	STOI	148	ENT↑
029	Pi	069	÷	109	P⇄S	149	CLX
030	RCL9	070	ST+1	110	*LBL4	150	R/S
031	x	071	ST-3	111	ISZI	151	+
032	3	072	RCLA	112	RCLI	152	x
033	0	073	RCLE	113	R/S	153	.
034	÷	074	+	114	X=0?	154	6
035	RCL0	075	2	115	GTO5	155	x
036	÷	076	4	116	STOi	156	STOi
037	ENT↑	077	÷	117	GTO4	157	2
038	ENT↑	078	ST+4	118	*LBL5	158	2
039	ENT↑	079	ST-2	119	RCL1	159	RTN
040	CLX	080	RCLC	120	STOA	160	R/S

Programm D.1.4/B

001	*LBL3	051	*LBL7	101	RCLB	151	+
002	CF0	052	RCLE	102	GSBE	152	x
003	8	053	+	103	RCLA	153	RCL1
004	R/S	054	STOE	104	x	154	+
005	3	055	RCL7	105	STOD	155	x
006	.	056	ST+8	106	P⇄S	156	RCL0
007	6	057	RCL8	107	RCL8	157	+
008	÷	058	2	108	RCL9	158	RTN
009	STOE	059	x	109	RCLE	159	*LBLA
010	GSBD	060	F0?	110	X²	160	1
011	RCL9	061	GTO8	111	x	161	0
012	÷	062	GTO9	112	+	162	STOI
013	STOB	063	*LBL8	113	CHS	163	8
014	1/X	064	1	114	RCLD	164	0
015	RCLE	065	0	115	+	165	STOi
016	x	066	÷	116	P⇄S	166	1
017	1	067	*LBL9	117	RTN	167	4
018	0	068	FRC	118	*LBL6	168	STOI
019	x	069	X≠0?	119	RCLC	169	RCLi
020	.	070	GTOC	120	1	170	STOA
021	5	071	RCL8	121	+	171	1
022	+	072	PRTX	122	STOC	172	5
023	INT	073	RCLE	123	P⇄S	173	0
024	1	074	3	124	STOI	174	R/S
025	0	075	.	125	RCLi	175	STO8
026	÷	076	6	126	P⇄S	176	*LBLa
027	STO8	077	x	127	STOA	177	RCL8
028	RCLB	078	PRTX	128	RCLE	178	3
029	x	079	F0?	129	x	179	.
030	STOE	080	GTOC	130	STOB	180	6
031	.	081	RCLC	131	SPC	181	÷
032	1	082	4	132	P⇄S	182	STOE
033	STO7	083	−	133	RCL7	183	GSBD
034	*LBLC	084	X≠0?	134	P⇄S	184	X<0?
035	RCLE	085	GTOC	135	ST+8	185	GTOB
036	CF1	086	5	136	RTN	186	STO7
037	*LBLc	087	STx7	137	*LBLE	187	1
038	GSBD	088	SF0	138	RCL5	188	ST+8
039	RCL9	089	GTOC	139	−	189	GTOa
040	÷	090	RTN	140	RCL6	190	*LBLB
041	RCL7	091	*LBLD	141	÷	191	ENT↑
042	x	092	RCLE	142	ENT↑	192	ENT↑
043	F1?	093	RCLA	143	ENT↑	193	RCL7
044	GTO7	094	x	144	ENT↑	194	−
045	2	095	STOB	145	RCL4	195	÷
046	÷	096	P⇄S	146	x	196	ST−8
047	RCLE	097	RCL0	147	RCL3	197	RCL8
048	+	098	P⇄S	148	+	198	PRTX
049	SF1	099	X≤Y?	149	x	199	RTN
050	GTOc	100	GSB6	150	RCL2	200	R/S

Benutzeranleitung

Lfd. Nr.	Taste	Anzeige	Eingabe	Beispiel	Bemerkung
1			Programm A einlesen		
2	B	0	u0	4.111	Grundübersetzung Motor-Antriebsachse
3	R/S	8	η	0.9	mechanischer Wirkungsgrad
4	R/S	9	r	0.28	Radhalbmesser
5	R/S	20	M1	108.0	5 aequidistante Punkte aus der
6	R/S	21	M2	123.5	Drehzahl-Drehmomentenkennlinie
7	R/S	22	M3	126.6	des Motors: Drehmomente in Nm
8	R/S	23	M4	120.8	
9	R/S	24	M5	108.3	
10	R/S	25	0	0	Ende der Momenten-Eingabe
11	R/S	0	n3	3500	Drehzahl für M3
12	R/S	0	Δn	1000	konstante Drehzahldifferenz
13	R/S	10	nMax	6000	gewählte maximale Drehzahl
14	R/S	1	u1	3.455	Übersetzungsverhältnisse der Gänge
15	R/S	2	u2	1.944	1 bis 4 (auch 3 oder 5 möglich)
16	R/S	3	u3	1.286	
17	R/S	4	u4	0.909	
18	R/S	5	0	0	Ende der Eingabe von ui
19	R/S	7	Δts	0.5	Verzögerung beim Gang-Umschalten
20	R/S	9	m	1210	wirksame Fahrzeugmasse
21	R/S	1	b; ENT; h oder A	1.682; ENT; 1.365	Schatten- oder Windangriffsfläche = Breite mal Höhe des Fahrzeugs
22	R/S	0	cw	0.36	Luftwiderstandsbeiwert
23	R/S	22	–		
24			Programm B einlesen		
25	R/S	8	vA	10	fiktive Anfahrgeschwindigkeit
26	R/S	Tabelle: t, v			Einzelheiten s. Text

Speicherbelegung

0: u0, A0	7: Δt	14: u4	A: M1, ui	
1: A1	8: η, t	15:	B: M2, a, v0	
2: A2	9: r, m	16:	C: M3, i := 1(1)4	
3: A3	10: v0Max	17: Δts	D: M4, F	
4: A4	11: u1	18: FR0	E: M5, v	
5: v3	12: u2	19: FL/v^2		
6: Δv	13: u3			

Labels:
Programm A A, B, b, 1, 2, 4, 5, 9
Programm B A, a, B, C, c, D, E, 3, 6, 7, 8, 9

D.2 Regelungstechnik

D.2.1 Bode-Diagramm

In der Regelungstechnik kann man viele Regelstrecken durch eine Reihenschaltung von Verzögerungsgliedern 1. Ordnung beschreiben. Ein Verzögerungsglied ist durch die zugehörige Zeitkonstante T beim Übertragungsmaß 1:1 vollständig beschrieben. Läßt man formal auch negative Zeitkonstanten zu, dann läßt sich damit auf einfache Weise auch das Verhalten einer Regeleinrichtung (z.B. eines PID-Reglers) beschreiben.

Es soll ein Programm geschrieben werden, welches diese beiden Möglichkeiten bietet. Wie üblich, soll die Frequenz im allgemeinen nach einer geometrischen Reihe wachsen (linearer Zuwachs des Logarithmus). Um bestimmte charakteristische Werte wie den 180°-Punkt oder den 135°-Punkt zu bestimmen, soll der Übergang auf eine lineare Frequenzstufung möglich sein, welche eine einfache lineare Interpolation zuläßt.

Bei der Eingabe größerer Zahlenmengen in einem Programm ist es zweckmäßig, bei der „Aufforderung" zur Eingabe von Daten durch eine Zahl im X-Register auszudrücken, welche Größe eingegeben werden soll. So wird hier am Anfang des Programms z.B. die Zahl der einzugebenden Zeitkonstanten durch eine 9 angefordert. Die einzelnen Zeitkonstanten werden durch die Indexzahl 1 bis n angefordert. Bei der Einteilung der Frequenzachse wird entweder mit einer 3 nach der Zahl der gewünschten Werte pro Frequenzdekade gefragt oder bei linearer Frequenzachse mit einer 4 nach dem Frequenzschritt $\Delta\omega$.

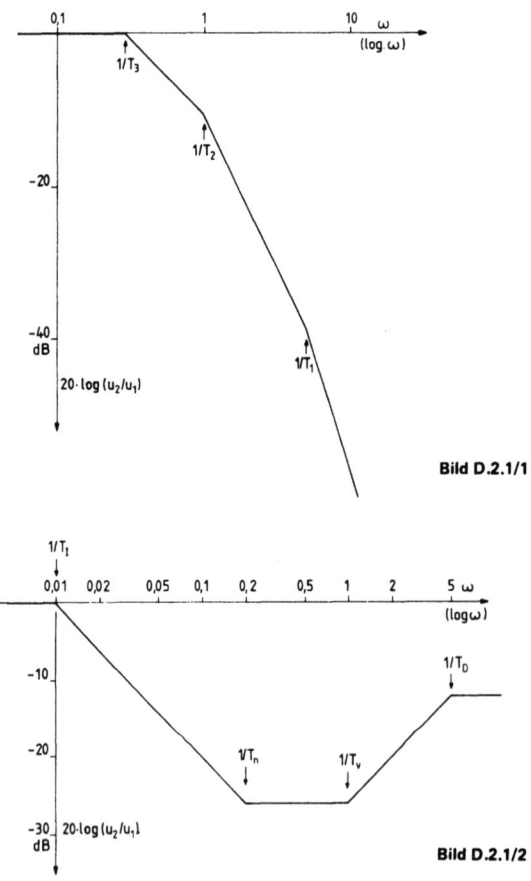

Bild D.2.1/1

Bild D.2.1/2

104

Das Unterprogramm 2 ist weiter so gestaltet, daß es direkt nach Eingabe eines Frequenzwertes gerufen werden kann, um eine einzelne Wertegruppe auszudrucken. Das ist für die Kontrolle eines durch Interpolation ermittelten Wertes zweckmäßig.

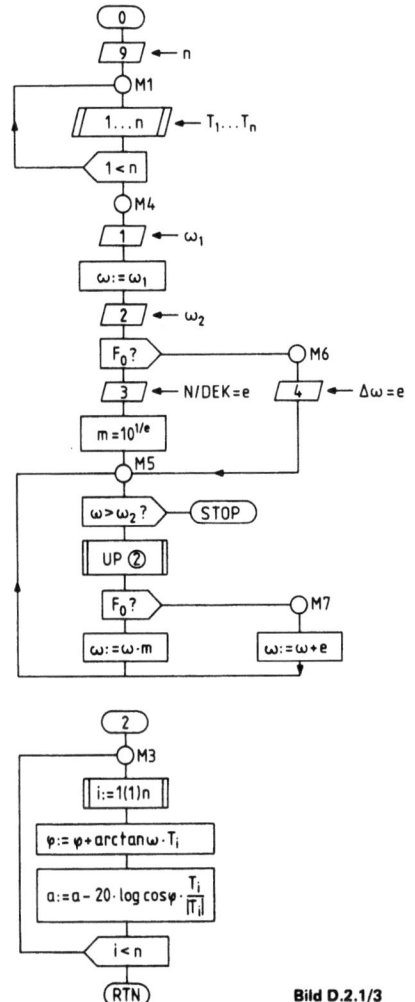

Bild D.2.1/3

Programm D.2.1: Bode-Diagramm

001	*LBL0	023	RCLA	045	SPC	067	GTO5
002	9	024	STOI	046	RCL8	068	*LBL6
003	R/S	025	*LBL3	047	PRTX	069	4
004	STOA	026	RCL8	048	RCL9	070	R/S
005	8	027	RCLi	049	PRTX	071	STOE
006	STOI	028	×	050	RCL0	072	*LBL5
007	*LBL1	029	TAN⁻¹	051	PRTX	073	RCLD
008	ISZI	030	ST+0	052	RTN	074	RCL8
009	RCLI	031	COS	053	*LBL4	075	X>Y?
010	R/S	032	1/X	054	1	076	RTN
011	STOi	033	LOG	055	R/S	077	GSB2
012	RCLI	034	2	056	STO8	078	RCLE
013	RCLA	035	0	057	2	079	F0?
014	X≠Y?	036	×	058	R/S	080	GTO7
015	GTO1	037	RCLi	059	STOD	081	STX8
016	GTO4	038	ENT↑	060	F0?	082	GTO5
017	RTN	039	ABS	061	GTO6	083	*LBL7
018	*LBL2	040	÷	062	3	084	ST+8
019	STO8	041	×	063	R/S	085	GTO5
020	0	042	ST+9	064	1/X	086	RTN
021	STO8	043	DSZI	065	10ˣ	087	R/S
022	STO9	044	GTO3	066	STOE		

Benutzeranleitung

Programm: 790214.1286 |LBL| 0, 1, 2, 3, 4, 5, 6, 7 Kurzzeichen: Bode

Länge: 86 Zeilen Rechner-Typ:

Aufgabe: Berechnung von Amplitude und Phase
im Bode-Diagramm mit maximal 7 Zeitkonstanten

Speicherbelegung	Taste(n)	Anzeige	Eingabe	Bemerkung
T1...T7 → (1)...(7)	GSB 0	9	n	
ω → (8)	R/S	1	T1	
a → (9)	R/S	2	T2	
φ → (0)	R/S	3 usw.		
N/DEK → (B)	R/S	n	Tn	
n → (A)	R/S	1	ω_u	
ω_u → (C)	R/S	2	ω_0	
ω_0 → (D)	R/S	1. Variante: flag F0 nicht gesetzt		
	R/S	3 N/DEK Ausdruck: ω (log.), a, φ		
		2. Variante: flag F0 gesetzt 4 $\Delta\omega$		
	R/S	Ausdruck: ω (lin.), a, φ		
	Fortsetzung mit GSB 4			

Für ein einfaches Verzögerungsglied mit einer Zeitkonstante T = R · C (Bild D.2.1/4) gelten die Beziehungen

$U_2/U_1 = 1/(1 + j\omega T)$ (1)

$\varphi = \arctan \omega T$ (2)

$U_2/U_1 = \cos \varphi$ (3)

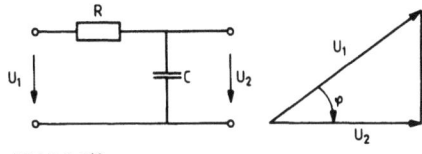

Bild D.2.1/4

Die Gleichungen (2) und (3) bilden den Kern des Programms (Zeilen 25 bis 43), wobei noch das programmtechnische Problem auftaucht, daß bei einer negativen Zeitkonstante T das Verhältnis von U_2/U_1 umgekehrt werden muß (Anstieg der Amplitude statt Abfall; genauer $U_2/U_1 = 1 + j\omega T$). Im übrigen ist der Ablauf des Programms aus dem Flußdiagramm erkennbar.

Die Arbeitsweise soll an einem *Beispiel* erläutert werden. Wir wählen die Daten des Bildes D.2.1/1. Die drei Zeitkonstanten haben die Werte $T_1 = 0.2$ s; $T_2 = 1.0$ s; $T_3 = 3.5$ s. Es sei die Aufgabe gestellt, die Frequenzwerte ω zu ermitteln, bei denen der Phasenwinkel zwischen Eingangsgröße und Ausgangsgröße a) einen Betrag von 135° und b) einen Betrag von 180° aufweist.

Wir starten das Programm mit logarithmischer Frequenzeinteilung im Bereich $\omega = 0.2...5$ mit fünf Werten pro Dekade und erkennen, daß der Wert zu a) zwischen $\omega = 1$ und $\omega = 1.3$ liegt und der Wert zu b) zwischen $\omega = 2.5$ und $\omega = 2.7$. Manuell setzen wir nun (mit dem Befehl STF 0) „Flagge" F0 und durchfahren damit den engeren Bereich linear mit schrittweise zu reduzierender Schrittweite. Als Ergebnis finden wir dann

a) $\omega = 1.0887$/s
   $\varphi = 135.01°$
   a = 15.5 dB

b) $\omega = 2.5914$/s
   $\varphi = 180.00°$
   a = 29.1 dB

Als zweites *Beispiel* schalten wir die gleiche Strecke mit einem PID-Regler in Reihe, dessen Kennlinie im Bild D.2.1/2 gezeichnet ist und dessen Daten die folgenden sind:

$T_I = 100$ s; $T_n = -5$ s, $T_v = -1$ s; $T_D = 0.2$ s.

Es soll wieder die Frage beantwortet werden, bei welcher Frequenz der Phasenwinkel insgesamt 135° ist und wie groß die zugehörige Dämpfung ist. Nach der gleichen Methode finden wir

$\omega = 2.20$/s; $\varphi = 135.03°$;   a = 45.3 dB.

D.2.2 Zweipunktregler mit Strecke 3. Ordnung

Bei einem Zweipunktregler ist nur das Vorzeichen der Größe $x_d = w - x$ entscheidend dafür, ob die Energiezufuhr (Steuergröße y) zu- oder abgeschaltet wird (s. Bild D.2.2/1).

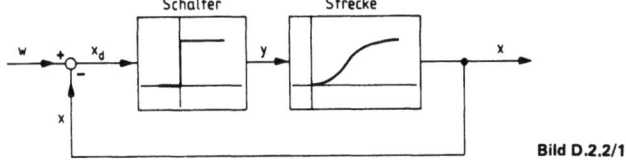

Bild D.2.2/1

Das Abschalten kann man entsprechend Bild D.2.2/2 als ein verzögertes Zuschalten eines gleich großen Signals mit entgegengesetztem Vorzeichen auffassen [7].

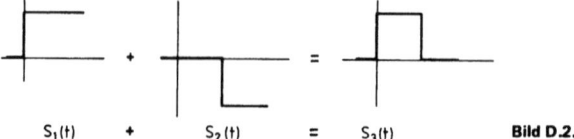

$S_1(t)$ + $S_2(t)$ = $S_3(t)$ **Bild D.2.2/2**

Das dynamische Verhalten der Regelstrecke S kann durch die Sprungantwort gekennzeichnet werden, die hier in der auf 1 normierten Form mit h(t) bezeichnet werden soll (s. Bild D.2.2/3). Insbesondere nennen wir $h(t) = h_0$, $h(t - T_{d1}) = h_1$ usw. Hier ist eine Strecke 3. Ordnung angenommen, deren Sprungantwort h(t) durch die Gleichung

$$x = 1 + A \cdot e^{-t/T_1} + B \cdot e^{-t/T_2} + C \cdot e^{-t/T_3}$$

beschrieben werden kann. Die Ausgangsfunktion der Regelgröße x (Bild D.2.2/4) wird nun gefunden durch Überlagerung der einzelnen Sprungantworten $h_0, h_1, \ldots, h_n$, die nur zeitlich verzögert sind um die „Durchtrittszeiten" $T_{d1}, T_{d2}, \ldots$ usw. Die Zeiten T_d sind gegeben durch den Durchtritt der Funktion x durch die Führungsgröße (Sollwert) w.

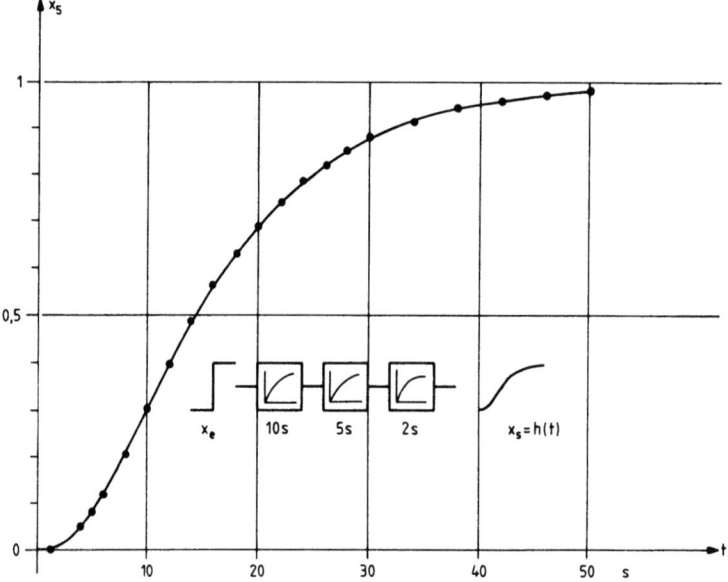

Bild D.2.2/3

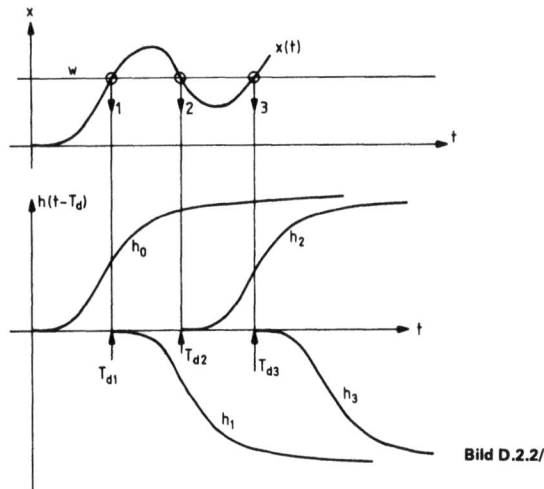

Aufgabe des Rechenprogramms ist es, einerseits die Nulldurchgänge der Größe $(w - x)$ zu finden und dann jeweils abhängig vom Vorzeichen der Steigung der Kurve $x(t)$ eine weitere verzögerte Sprungantwort h_k positiv oder negativ zuzuschalten.

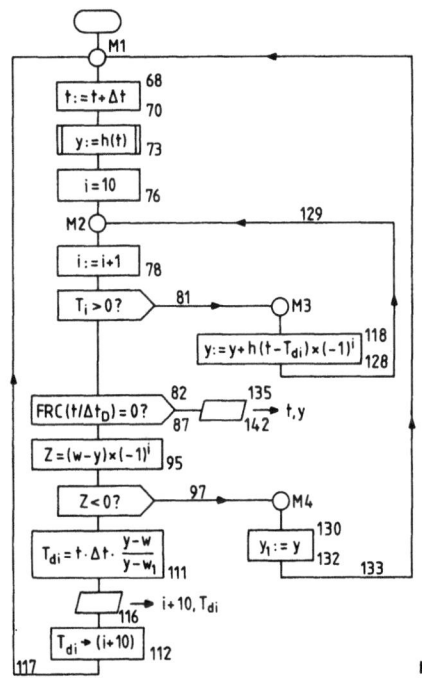

Bild D.2.2/5

Programm D.2.2

001	*LBL0	044	÷	087	GSBD	130	*LBL4
002	ENT↑	045	RCL8	088	RCL5	131	RCL0
003	ENT↑	046	RCL7	089	RCL0	132	STOE
004	ENT↑	047	-	090	-	133	GTO1
005	RCL1	048	÷	091	1	134	RTN
006	÷	049	STOA	092	CHS	135	*LBLD
007	e^x	050	1	093	RCLI	136	DSP1
008	1/X	051	RCL7	094	Y^x	137	RCL4
009	RCLA	052	-	095	x	138	PRTX
010	x	053	x	096	X<0?	139	DSP4
011	STO6	054	1	097	GTO4	140	RCL0
012	CLX	055	+	098	RCL0	141	PRTX
013	RCL2	056	RCL8	099	ENT↑	142	RTN
014	÷	057	1	100	ENT↑	143	*LBLB
015	e^x	058	-	101	RCL5	144	CLRG
016	1/X	059	÷	102	-	145	P⇄S
017	RCLB	060	STOB	103	X⇄Y	146	1
018	x	061	RCLA	104	RCLE	147	R/S
019	ST+6	062	+	105	-	148	STO1
020	CLX	063	1	106	÷	149	2
021	RCL3	064	+	107	RCLD	150	R/S
022	÷	065	CHS	108	x	151	STO2
023	e^x	066	STOC	109	CHS	152	3
024	1/X	067	RTN	110	RCL4	153	R/S
025	RCLC	068	*LBL1	111	+	154	STO3
026	x	069	RCLD	112	STOi	155	GSBA
027	ST+6	070	ST+4	113	RCLI	156	4
028	1	071	RCL4	114	PRTX	157	R/S
029	ST+6	072	GSB0	115	X⇄Y	158	STO4
030	RCL6	073	STO0	116	PRTX	159	5
031	RTN	074	1	117	GTO1	160	R/S
032	*LBLA	075	0	118	*LBL3	161	STO5
033	RCL3	076	STOI	119	RCL4	162	6
034	RCL1	077	*LBL2	120	RCLi	163	R/S
035	÷	078	ISZI	121	-	164	STOD
036	STO7	079	RCLi	122	GSB0	165	7
037	RCL3	080	X>0?	123	1	166	R/S
038	RCL2	081	GTO3	124	CHS	167	STO9
039	÷	082	RCL4	125	RCLI	168	GSB1
040	STO8	083	RCL9	126	Y^x	169	RTN
041	RCL7	084	÷	127	x	170	R/S
042	1	085	FRC	128	ST+0		
043	-	086	X=0?	129	GTO2		

Benutzeranleitung

Programm: 790303.0169 |LBL| A, B, 0, 1, 2, 3, 4   Kurzzeichen: ZPR3
Länge: 169 Zeilen   Rechner-Typ: 67, 97
Aufgabe: Berechnung des Einschwingvorganges bei einem Zweipunktregelkreis mit Strecke 3. Ordnung

Speicherbelegung	Taste(n)	Anzeige	Eingabe	Bemerkung
$y \to (0)$	B	1	T_1	
$T_1 \to (1)$	R/S	2	T_2	
$T_2 \to (2)$				
$T_3 \to (3)$	R/S	3	T_3	
$t \to (4)$	R/S	4	t	Anfangszeit
$w \to (5)$	R/S	5	w	Sollwert relativ
$h(t) \to (6)$	R/S	6	Δt	Zeitschritt
$T_3/T_1 \to (7)$	R/S	7	Δt_d	Druckschritt
$T_3/T_2 \to (8)$				
$\Delta t_d \to (9)$	R/S	Tabellenausdruck: t, y;		
$A \to (A)$		dazwischen bei Vorzeichenwechsel		
$B \to (B)$		von $(y-w)$: $i+10, T_i$.		
$C \to (C)$				
$\Delta t \to (D)$				
$y_1 \to (E)$				

Das Programm ist so aufgebaut, daß zunächst in einem Teilprogramm B die notwendigen Eingabewerte (drei Zeitkonstanten für die Strecke, Anfangszeit, Führungsgröße, Zeitschritt und Zeitschritt für die Druckausgabe) angefordert werden. In einem Programm A werden dann die drei Konstanten A, B, C der obigen Gleichung berechnet (Voraussetzung für die Ableitung: 1. und 2. Differentialquotient im Zeitpunkt 0 = 0). Mit den Abkürzungen $x_1 = T_3/T_1$ und $x_2 = T_3/T_2$ ergeben sich die Konstanten aus den folgenden Formeln:

$$A = \frac{-x_2}{(1-x_1) \cdot (x_2 - x_1)}$$

$$B = (1 - A \cdot (x_1 - 1))/(x_2 - 1)$$

$$C = -(1 + A + B).$$

Im Unterprogramm 0 wird die Sprungantwort berechnet, und das Programm 1 organisiert die Überlagerung der einzelnen Funktionen $h_0 - h_1 + h_2 - + \ldots$

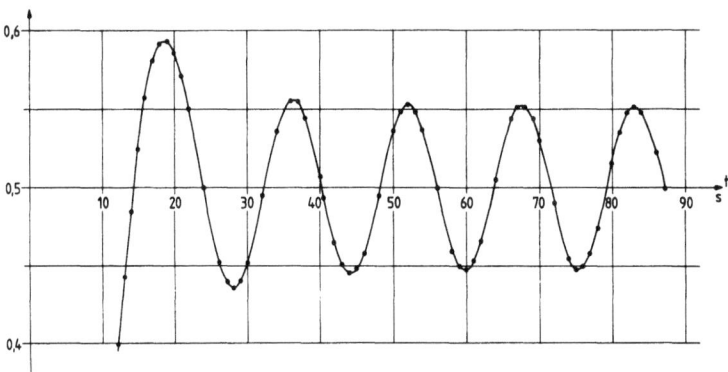

Bild D.2.2/6

Bild D.2.2/6 zeigt das Ergebnis. Es wurde hier mit einem sehr kleinen Zeitschritt
$\Delta t = 0.2$ s gerechnet. Dafür wurden für die Kurve mit dem Rechner 97 etwa $2^{1}/2$ Stunden
benötigt. Die Einbuße an Rechengenauigkeit bei einer Schrittweite von 1 s ist unwesentlich. Als richtigen Wert für die Schrittweite kann man wohl die Hälfte der kürzesten Zeitkonstante wählen.

D.3 Vermessungstechnik

D.3.1 Streckenzug

Ein einfaches und seit langem bekanntes Verfahren zur Bestimmung der Koordinaten
eines unbekannten Punktes P ausgehend von einem bekannten Punkt P_0 ist der Streckenzug. Im Gelände werden jeweils die einzelnen Entfernungen d_i und die zugehörigen
Winkel zwischen den Punkten P_{i-2} und dem Punkt P_i bestimmt. Die zugehörigen waagerechten und senkrechten Komponenten werden addiert und ergeben die Werte R und H
des Punktes P (s. Bild D.3.1/1). Gestartet wird mit einem Winkel α, den die Verbindungslinie eines weiteren bekannten Punktes P_{01} mit dem Ausgangspunkt P_0 gegenüber der
Waagerechten bildet

$$\alpha = \arctan\left(\frac{H_0 - H_{01}}{R_0 - R_{01}}\right).$$

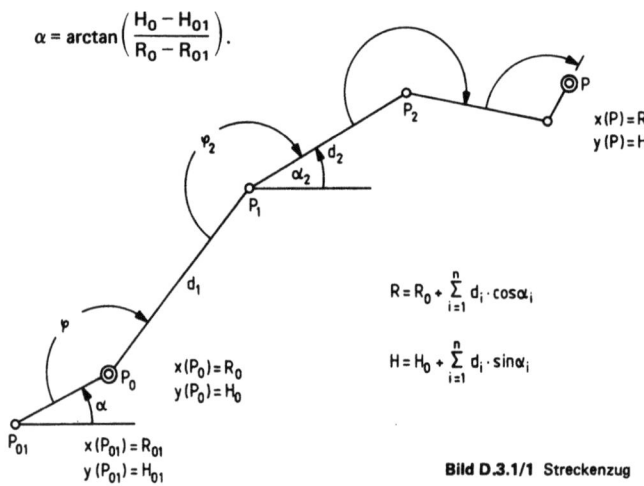

$$R = R_0 + \sum_{i=1}^{n} d_i \cdot \cos\alpha_i$$

$$H = H_0 + \sum_{i=1}^{n} d_i \cdot \sin\alpha_i$$

Bild D.3.1/1 Streckenzug

Für die Zwischenpunkte gilt $\alpha_i = \alpha_{i-1} + 180° - \varphi_i$. Es muß hierbei beachtet werden,
daß die Mathematik die Winkel im Gegensinn des Uhrzeigers positiv zählt, der Landmesser aber im Sinne des Uhrzeigers!

Programm D.3.1

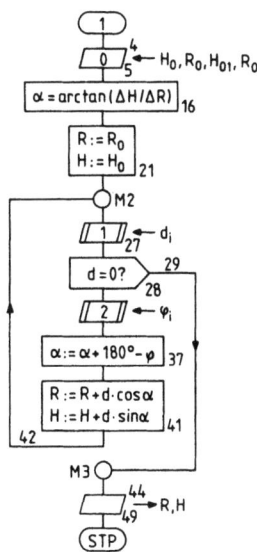

Bild D.3.1/2

```
001  *LBL1      027  STO3
002  RCLΣ       028  X=0?
003  Σ-         029  GTO3
004  CLX        030  2
005  R/S        031  R/S
006  Σ-         032  CHS
007  R↓         033  1
008  R↓         034  8
009  STO0       035  0
010  Σ+         036  +
011  X⇄Y        037  ST+2
012  STO1       038  RCL2
013  RCLΣ       039  RCL3
014  →P         040  →R
015  X⇄Y        041  Σ+
016  STO2       042  GTO2
017  RCLΣ       043  RTN
018  Σ-         044  *LBL3
019  RCL1       045  RCLΣ
020  RCL0       046  PRTX
021  Σ+         047  X⇄Y
022  CLX        048  PRTX
023  RTN        049  X⇄Y
024  *LBL2      050  RTN
025  1          051  R/S
026  R/S
```

Benutzeranleitung

Programm: 790215.1050 [LBL] 1, 2, 3   Kurzzeichen: VMS1
Länge: 50 Zeilen   Rechner-Typ: 67, 97
Aufgabe: Koordinatenbestimmung durch Streckenzug

Speicher-belegung	Taste(n)	Anzeige	Eingabe	Bermerkung
$R_0 \to (0)$	GSB 1	0.00	H_0; ↑; R_0; ↑;	H_{01}; ↑; R_{01}
$H_0 \to (1)$	R/S	0.00	—	
$\alpha \to (2)$				
$d_i \to (3)$	GSB 2	1	d_1	
19C, 29C:	R/S	2	φ_1	
$\Sigma x \to (.1)$	R/S	1	d_2	
$\Sigma y \to (.3)$	R/S	2	φ_2	
67, 97:	R/S	usw.		
$\Sigma x \to (14)$	R/S	1	0	Ende der Eingabe
$\Sigma y \to (16)$	R/S	Ausdruck (R, H) bei 19C und 97 bzw. Anzeige (X) = R; (Y) = H bei 29C und 67.		

Beispiel: Mit den folgenden Ausgangswerten

R_0 = 1100; H_0 = 2050
R_{01} = 1000; H_{01} = 2000

und den Meßwerten der Tabelle errechnet man

R = 1592.29
H = 2347.53

n	d m	φ Grad
1	244	155
2	195	202
3	154	222
4	48	103

Das Programm 1 dient zur Vorbereitung. In den Zeilen 2 und 3 werden zunächst die Summenspeicher gelöscht. Es wird dann der Startwinkel α bestimmt, und die Anfangskoordinaten werden in ihre zugehörigen Zellen geschrieben. Im Programm 2 werden die Meßwerte eingelesen, wobei die Entfernung jeweils mit der Zahl 1 angefordert wird und der zugehörige Winkel mit der Zahl 2 im X-Register. Das Ende der Messung wird durch Eingabe der Entfernung null angegeben. Das Programm 3 druckt dann die berechneten Koordinatenwerte aus bzw. speichert sie in den Zellen X und Y.

D.3.2 Rückwärtseinschnitt

Ein bekanntes Verfahren zur Standortbestimmung mit Hilfe von lediglich zwei Winkelmessungen ist der Rückwärtseinschnitt. Vom unbekannten Ort aus werden die Winkel δ_1 und δ_2 gemessen, unter denen die Punkte A und B bzw. B und C gesehen werden, deren Koordinaten bekannt sind. Der unbekannte Punkt P liegt auf dem Schnittpunkt der beiden Kreise mit den konstanten Umfangswinkeln δ_1 bzw. δ_2.

Statt der üblichen Berechnung mit den Methoden der Geometrie soll hier eine unkonventionelle Methode der schrittweisen Näherung entwickelt werden, die verhältnismäßig einfach zu programmieren ist. Im Bild D.3.2/1 sind A, B, C die drei Punkte mit den bekannten Koordinaten. Länge und Verbindungsstrecken d1, φ_A und d2, φ_B werden manuell berechnet. Das Programm wird gestartet mit einem Punkt P_0 (Wahl eines Startwinkels α_0), der so gewählt werden muß, daß er sicher näher an A liegt als der gesuchte Punkt P. α wird dann schrittweise verkleinert, und nach den Methoden zur Suche eines Schnittoder Nullpunktes (s. C.3.3) wird dann der Winkel α bestimmt, für den $\delta = \delta_2$ ist. Eine vorgegebene Genauigkeitstoleranz ϵ beendet die Rechnung. Als Ergebnis wird die Differenz der Rechtswerte (x-Werte) und Hochwerte (y-Werte) gegenüber dem bekannten Punkt B ausgedruckt.

Mit dem Winkel α wird im Dreieck ABP_0 die Seite b berechnet, die dann im Dreieck BCP_0 zur Berechnung von δ herangezogen wird. Es wird geprüft, ob $\delta < \delta_2$. α wird nun so lange verkleinert, bis der Punkt P_0 mit einem durch die Toleranz vorgegebenen kleinen Fehler an den Punkt P heranrückt. Die weiteren Einzelheiten sind aus dem Flußdiagramm zu entnehmen, in welchem zur Erleichterung des Verständnisses die zugehörigen Zeilen im Programm angeschrieben sind.

Als Test-*Beispiel* wählen wir für die Punkte A, B, C die Koordinaten 0; 0, 8000; 5000, 19000; –1000 und die Winkel δ_1 = 39.882685°, δ_2 = 56.496563°. Mit $\epsilon = 10^{-4}$ Grad, $\alpha_0 = 90°$ und $\Delta\alpha = -10°$ druckt das Programm (HP 97) dann nach ca. 85 s die Werte

ΔR = 2000.0
ΔH = – 14000.0

mit einem Fehler von ca. 5 mm bezogen auf 14 km.

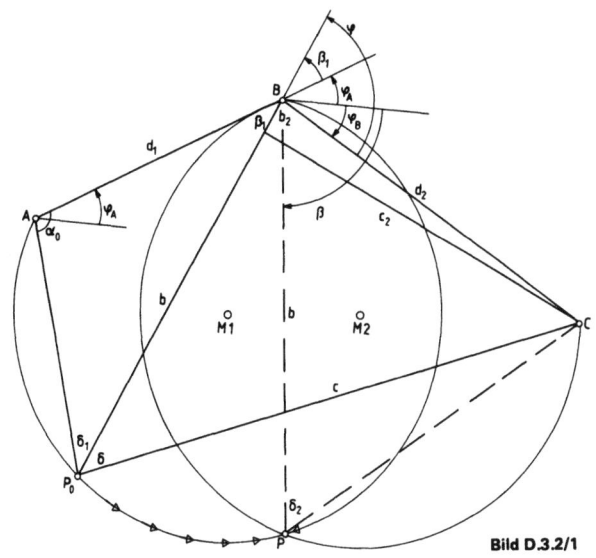

Bild D.3.2/1

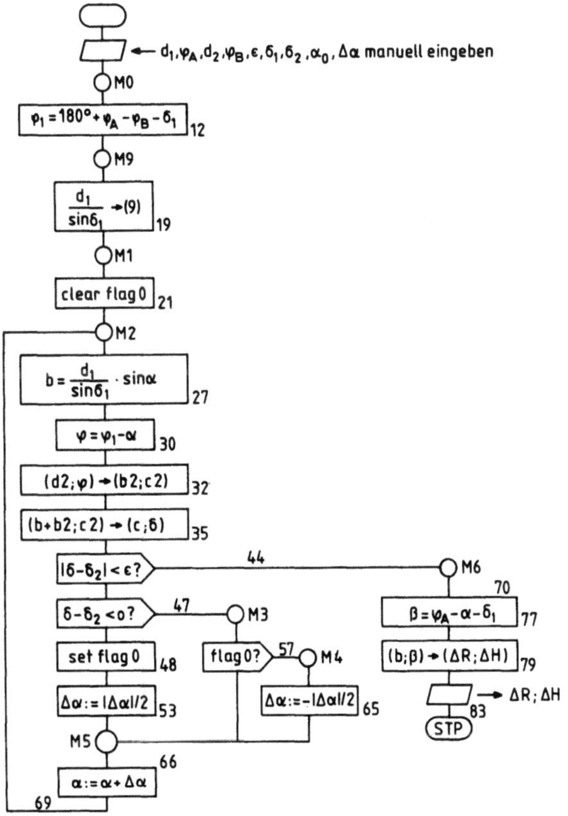

Bild D.3.2/2

- ← $d_1, \varphi_A, d_2, \varphi_B, \varepsilon, \delta_1, \delta_2, \alpha_0, \Delta\alpha$ manuell eingeben
- M0
- $\varphi_1 = 180° + \varphi_A - \varphi_B - \delta_1$ | 12
- M9
- $\dfrac{d_1}{\sin\delta_1} \to (9)$ | 19
- M1
- clear flag 0 | 21
- M2
- $b = \dfrac{d_1}{\sin\delta_1} \cdot \sin\alpha$ | 27
- $\varphi = \varphi_1 - \alpha$ | 30
- $(d2;\varphi) \to (b2;c2)$ | 32
- $(b+b2;c2) \to (c;\delta)$ | 35
- $|\delta - \delta_2| < \varepsilon$? —44— M6
- $\delta - \delta_2 < 0$? —47— M3
- set flag 0 | 48   flag 0? —57— M4
- $\Delta\alpha := |\Delta\alpha|/2$ | 53 $\Delta\alpha := -|\Delta\alpha|/2$ | 65
- M5
- 66
- $\alpha := \alpha + \Delta\alpha$ | 69
- M6 | 70
- $\beta = \varphi_A - \alpha - \delta_1$ | 77
- $(b;\beta) \to (\Delta R; \Delta H)$ | 79
- → $\Delta R; \Delta H$ | 83
- STP

Programm D.3.2

001	*LBL0	022	*LBL2	043	X≤Y?	064	÷
002	RCLC	023	RCL4	044	GTO6	065	STO5
003	RCLD	024	SIN	045	LSTX	066	*LBL5
004	-	025	RCL9	046	X<0?	067	RCL5
005	1	026	×	047	GTO3	068	ST+4
006	8	027	STO7	048	SF0	069	GTO2
007	0	028	RCL8	049	RCL5	070	*LBL6
008	+	029	RCL4	050	ABS	071	F1?
009	RCL1	030	-	051	2	072	PRTX
010	-	031	RCLB	052	÷	073	RCLC
011	STO8	032	→R	053	STO5	074	RCL4
012	RTN	033	RCL7	054	GTO5	075	-
013	*LBL9	034	+	055	*LBL3	076	RCL1
014	RCLA	035	→P	056	F0?	077	-
015	RCL1	036	X⇄Y	057	GTO4	078	RCL7
016	SIN	037	STO3	058	GTO5	079	→R
017	÷	038	RCL2	059	*LBL4	080	PRTX
018	STO9	039	-	060	RCL5	081	X⇄Y
019	RTN	040	RCLE	061	ABS	082	PRTX
020	*LBL1	041	X⇄Y	062	CHS	083	RTN
021	CF0	042	ABS	063	2	084	R/S

Benutzeranleitung

Programm: 790312.2283 [LBL] 0, 1, 2, 3, 4, 5, 6, 9 Kurzzeichen: RWE
Länge: 83 Zeilen Rechner-Typ: 67, 97
Aufgabe: Bestimmung der Koordinaten eines unbekannten Punktes mit einem Rückwärtseinschnitt

Speicherbelegung	Taste(n)	Anzeige	Eingabe	Bemerkung
d1 → (A)			manuell: s. Speicherbelegung	
d2 → (B)	GSB 0			
φ_A → (C)	GSB 9			
φ_B → (D)				
ϵ → (E)	GSB 1	ΔR; ΔH;		Druck
δ_1 → (1)		Wenn flag 1 manuell gesetzt wurde, wird die Winkeldifferenz $\delta - \delta_2$ mit ausgedruckt.		
δ_2 → (2)				
α_0 → (4)				
$\Delta\alpha$ → (5)				
Diese Werte müssen manuell eingegeben werden. Vorzeichen bei (D) und (5) beachten.				
δ → (3)				
b → (7)				
φ_1 → (8)				
d1/sin δ_1 → (9)				

D.4 Elektrotechnik

D.4.1 Komplexe Rechnung

Die Ausführung von Rechnungen mit komplexen Zahlen, die in der Wechselstromtechnik erhebliche Bedeutung hat, ist im allgemeinen sehr zeitraubend, weil jede Größe durch zwei Komponenten dargestellt werden muß, die den Rechenumfang gegenüber einfachen Operationen vervierfachen. Ein Wechselstromwiderstand wird entweder in der geometrischen Form (Abkürzung GF) $\underline{Z} = Z/\underline{\varphi}$ (vereinfachte Schreibweise für die saubere mathematische Darstellung $Z \cdot e^{j\varphi}$) oder in der arithmetischen Form (Abkürzung AF) $\underline{Z} = R + jX$ dargestellt. Weniger üblich, aber für manche Zwecke recht zweckmäßig ist noch eine dritte Form der Darstellung, die wir die logarithmische Form (Abkürzung LF) nennen wollen, $\ln \underline{Z} = \ln Z + j\varphi$.

Im folgenden wird ein System von Unterprogrammen für die Typen 67, 97 vorgestellt, welches bei der Benutzung schon eine gewisse Ähnlichkeit mit einer Assemblersprache hat, wie sie für größere Anlagen verwendet wird. Für die Berechnung erleichternd kommt hinzu, daß die Alpha-Programme (mit den Programmnamen A...E, a...e) gerufen werden können, ohne daß vorher die Taste GSB betätigt werden muß. Der Programmentwurf bekommt dadurch ein sehr übersichtliches Bild.

Zeile	Adresse	Unter-programm	Ziffern-speicher i	Arbeits-speicher	Operation	Summen-speicher
1	i	A	$Z\;\varphi$ →	$Z\;\varphi$ →	GF→AF	R X → + +
2	i	a	$Z\;\varphi$ →	$Z\;\varphi$ →	GF→AF	R X → − −
3		D	$Z\;\varphi$ ←	$Z\;\varphi$ ←	GF→AF	R X
4	i	B	$Z\;\varphi$ →	$Z\;\varphi$ →	GF→LF	L φ → + +
5	i	b	$Z\;\varphi$ →	$Z\;\varphi$ →	GF→LF	L φ → − −
6		E	$Z\;\varphi$ ←	$Z\;\varphi$ ←	GF←LF	L φ
7	i	c	□ → □			
8	i	e	□ → □			
9		C				0 0
10		d		$Z\;\varphi$ / $1/Z\;-\varphi$ ←	$\dfrac{1}{Z}$	

Bild D.4.4/1 Ersatzschaltbild und Zeigerdiagramm

Im Bild D.4.1/1 ist das Konzept grafisch dargestellt. Es wird davon ausgegangen, daß im Normalfall die Größe in der geometrischen Form dargestellt wird. Die erste Zeile des Bildes D.4.1/1 ist so zu lesen: Der Befehl i, A (wobei i die Werte 0...6 annehmen darf) hat zur Folge, daß das Wertepaar Zi; φi aus dem „Ziffernspeicher" i abgeholt und zum Arbeitsspeicher gebracht wird. Der angesprochene Ziffernspeicher umfaßt die beiden Speicherzellen i und i + 7. Es ist also (i) = Zi und (i + 7) = φi. Als Arbeitsspeicher bezeichnen wir das Speicherpaar X und Y, die wir im Zusammenhang mit der komplexen Rechnung als Einheit auffassen. Im Arbeitsspeicher wird dann die „Operation" A vorgenommen, die aus einer Umformung von der geometrischen Form in die arithmetische Form besteht, an welche sich eine Aufsummierung im „Summenspeicher" anschließt.

Als Summenspeicher benutzen wir die Speicher 14 und 16, in welchen bei der Betätigung der Taste Σ^+ die Werte x und y aufaddiert werden. Der Befehl i, a hat die gleiche Wirkung mit dem einzigen Unterschied, daß das Wertepaar subtrahiert wird. Um sicherzustellen, daß vor Beginn einer Rechnung der Summenspeicher auch frei ist, betätigt man den Befehl C (Zeile 9). Dabei bleibt ein im Arbeitsspeicher vorhandenes Wertepaar unverändert.

Um das Ergebnis aus dem Summenspeicher wieder abzurufen, gibt man den Befehl D (Zeile 3). Im Arbeitsspeicher steht dann das Ergebnis von Additionen und Subtraktionen.

In den Zeilen 4 bis 6 sind die entsprechenden Befehle für die Multiplikation (= logarithmische Addition) und Division i, B bzw. i, b erläutert. Der Befehl E holt das Ergebnis aus dem Summenspeicher zurück, formt den Logarithmus in den Numerus um und liefert das Ergebnis einer Mischrechnung aus Multiplikationen und Divisionen im Arbeitsspeicher ab. Gleichzeitig wird der Summenspeicher gelöscht.

Diese beiden Programmgruppen für die Addition und Subtraktion (Zeilen 1 bis 3) und für die Multiplikation und Division (Zeilen 4 bis 6) bilden den Kern des Programmsystems, mit dem die üblichen Rechnungen durchgeführt werden können. Praktisch wichtig sind aber noch die beiden Hilfsprogramme (Zeilen 7 und 8). Mit dem Befehl i, c wird ein Wertepaar aus dem Speicher i in den Arbeitsspeicher gerufen (Gedächtniswort: call), und mit dem Befehl i, e wird ein im Arbeitsspeicher vorhandenes Wertepaar im Ziffernspeicher i abgelegt (Gedächtniswort: enter). Zur Abrundung ist in Zeile 10 noch die Kehrwertbildung programmiert: d (Gedächtniswort: division).

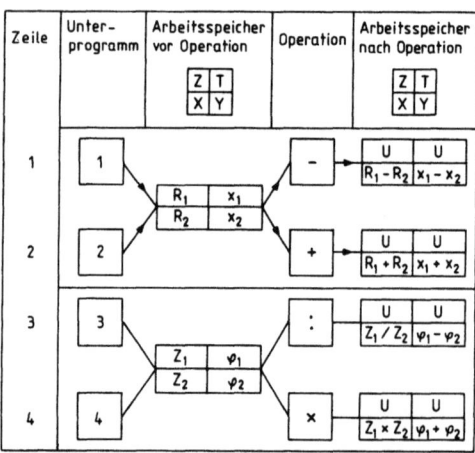

Bild D.4.1/2

Außer dem „Alpha-System" des Bildes D.4.1/1, bei dem die Operationen mit den Größen ausgeführt werden, die in den Ziffernspeichern 0...6 stehen, wird im Bild D.4.1/2 noch ein „Arbeitssystem" vorgestellt, bei dem die Operationen sich auf die zwei komplexen Größen beziehen, die im Arbeitsspeicher (X, Y) und in den Speichern Z, T (die wir als Hilfsarbeitsspeicher as bezeichnen können) stehen. Die Unterprogramme 1 und 2 führen eine Subtraktion bzw. Addition aus, die Unterprogramme 3 und 4 eine Division bzw. Multiplikation. Dabei ist davon ausgegangen, daß bei der Addition/Subtraktion bereits die arithmetische Form vorliegt und bei der Multiplikation/Division die geometrische. Die Kennzeichnung U am Ende der Operationen soll andeuten, daß die Werte undefiniert sind.

Programm D.4.1: Komplexe Rechnung

```
790218.0181  ***      049    →P       097    1/X       145      2
  001  *LBLA          050   GSBc      098    X⇄Y       146    GSBA
  002   GSBc          051   RTN       099    CHS       147      3
  003    →R           052  *LBLd      100    X⇄Y       148    GSBA
  004    Σ+           053    1/X      101  *LBL4       149    GSBD
  005    CLX          054   X⇄Y       102    X⇄Y       150      0
  006   RTN           055    CHS      103    R↑        151    GSBe
  007  *LBLa          056   X⇄Y       104     +        152      1
  008   GSBc          057   RTN       105    R↓        153    GSBB
  009    →R           058  *LBLE      106     x        154      2
  010    Σ-           059   RCLΣ      107    R↑        155    GSBB
  011    CLX          060    eˣ       108    X⇄Y       156      3
  012   RTN           061   GSBC      109    RTN       157    GSBB
  013  *LBLB          062   RTN       110  *LBL5       158      0
  014   GSBc          063  *LBLe      111     1        159    GSBb
  015    LN           064   STOi      112   GSBB       160    GSBE
  016    Σ+           065    R↓       113     2        161      0
  017    CLX          066   STOi      114   GSBB       162    GSBe
  018   RTN           067   X⇄Y       115   GSBE       163    RTN
  019  *LBLb          068   RCLi      116     4        164   *LBL7
  020   GSBc          069     7       117   GSBe       165      3
  021    LN           070     +       118     2        166    R/S
  022    Σ-           071   STOi      119   GSBB       167    STOA
  023    CLX          072    R↓       120     3        168      0
  024   RTN           073   STOi      121   GSBB       169    GSBc
  025  *LBLC          074   X⇄Y       122   GSBE       170    RCLA
  026   ENT↑          075   RTN       123     5        171    GSBc
  027   ENT↑          076  *LBL0      124   GSBe       172    GSB3
  028   RCLΣ          077     1       125     3        173    F0?
  029    Σ-           078   GSBc      126   GSBB       174    GTO7
  030    CLX          079    →R       127     1        175    PRTX
  031    R↓           080     2       128   GSBB       176    X⇄Y
  032    CLX          081   GSBc      129   GSBE       177    PRTX
  033    R↓           082    →R       130     6        178    X⇄Y
  034   RTN           083   RTN       131   GSBe       179    SPC
  035  *LBLc          084  *LBL1      132     4        180    GTO7
  036     7           085    →P       133   GSBA       181    RTN
  037     +           086    CHS      134     5        182    R/S
  038   STOi          087    →R       135   GSBA    790218.0181  ***
  039    CLX          088  *LBL2      136     6
  040   RCLi          089   X⇄Y       137   GSBA
  041   X⇄I           090    R↓       138   GSBD
  042     7           091     +       139     0
  043     -           092    R↓       140   GSBe
  044   X⇄I           093     +       141    RTN
  045   RCLi          094    R↑       142  *LBL6
  046   RTN           095    RTN      143     1
  047  *LBLD          096  *LBL3      144   GSBA
  048   RCLΣ
```

Schließlich ist noch ein Programm 0 eingefügt. Es nimmt eine Sonderstellung ein. Es holt die beiden komplexen Größen aus den Ziffernspeichern 1 und 2 in die Arbeitsspeicher as, AS, wo sie dann z.B. mit dem Arbeitssystem weiter bearbeitet werden können.

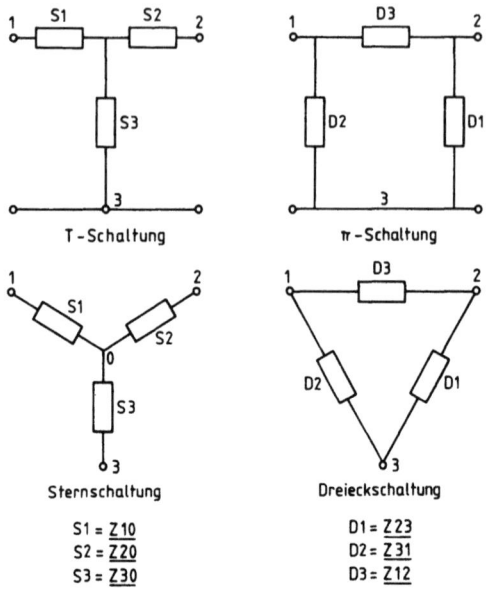

Bild D.4.1/3 Gleichwertige Stern- und Dreieckschaltungen mit geänderten Bezeichnungen

Im Bild D.4.1/3 sind je zwei Schaltungen aus drei komplexen Widerständen gezeichnet, die in der Nachrichtentechnik als T- und π-Schaltung und in der Energietechnik als Stern- und Dreieckschaltung bezeichnet werden. Es ist bekannt, daß eine Umrechnung der drei Größen einer Sternschaltung in die gleichwertige Dreieckschaltung immer möglich und daß die umgekehrte Berechnung mit einer praktisch unbedeutenden Ausnahme (alle Wirkwiderstände = 0, Summe der Blindwiderstände = 0) auch immer möglich ist. Diese Umrechnungen sind bei Netzberechnungen in der Energietechnik und bei Schaltungsberechnungen in der Nachrichtentechnik von erheblicher Bedeutung. Es wurden daher die Programme 5, 6 und 7 geschrieben, um diese Umrechnungen zu vereinfachen. Um eine einfache Darstellung der Gleichungen zu ermöglichen, wurden dabei in Abweichung von der Norm Bezeichnungen gewählt, die sofort erkennen lassen, ob es sich um einen Widerstand in einer Sternschaltung (Bezeichnung S) oder in einer Dreieckschaltung (Bezeichnung D) handelt. Um einen Doppelindex zu vermeiden, wurde die Bezeichnung so gewählt, daß in der Sternschaltung der Widerstand S1 *am* Punkt 1, in der Dreieckschaltung der Widerstand D1 *gegenüber* dem Punkt 1 liegt usw. Diese Bezeichnungsweise hat den Vorteil, daß man eine ganz einfache Umrechnungsformel hinschreiben kann:

$$\underline{Si} \cdot \underline{Di} = \underline{ZZ} \,. \tag{1}$$

Das Produkt des Widerstandes $\underline{S}$ in der Sternschaltung mit dem zugehörigen Widerstand $\underline{D}$ der äquivalenten Dreieckschaltung ist konstant und gleich einer Größe, die wir hier $\underline{ZZ}$ nennen, um damit gleichzeitig zum Ausdruck zu bringen, daß sie ein Produkt aus zwei komplexen Widerständen darstellt. Im Programm 5 wird die Größe $\underline{ZZ}$ aus den als gegeben betrachteten Sternwiderständen berechnet, im Programm 6 aus den Dreieckswiderständen, wobei jeweils angenommen ist, daß sie in den Ziffernspeichern 1, 2 und 3 stehen. Im Programm 7 wird dann schließlich mit Hilfe der Gleichung (1) die korrespondierende Größe der gesuchten Schaltung berechnet.

Für die Umwandlung S → D gilt

$$\underline{ZZ} = \underline{S1} \cdot \underline{S2} + \underline{S2} \cdot \underline{S3} + \underline{S3} \cdot \underline{S1} . \tag{2}$$

Für die Umwandlung D → S gilt

$$\underline{ZZ} = (\underline{D1} \cdot \underline{D2} \cdot \underline{D3}) / (\underline{D1} + \underline{D2} + \underline{D3}) . \tag{3}$$

Die Berechnung der Größe $\underline{ZZ}$ nach Gleichung (3) soll als *Beispiel* für die Anwendung der in den Bildern D.4.1/1 und D.4.1/2 gezeigten Programmfamilien näher erläutert werden:

Programm	Bemerkungen
C	Summenspeicher gelöscht
1, A, 2, A, 3, A	Berechnung des Nenners
D	Zurückholen des Ergebnisses in den Arbeitsspeicher
0, e	Zwischenspeicherung im Ziffernspeicher 0
1, B, 2, B, 3, B	Berechnung des Zählers
0, b	Division durch den Nenner
E	Zurückholen des Ergebnisses in den Arbeitsspeicher

In dieser Form ist das Problem im Unterprogramm 6 (Zeilen 142 bis 163) gelöst.

Wollte man dasselbe Problem unter Verzicht auf die Alpha-Programmierung nur mit den Programmen 0...4, c, e lösen, dann würde man z.B. das folgende Programm erhalten

Programm	Bemerkungen
GSB 0	D1 → as, D2 → AS
GSB 2	D1 + D2
3, c	D3 → AS, D1 + D2 → as
TOR	D3: GF → AF
GSB 2	(AS) = D1 + D2 + D3 = Nenner N
TOP	$\underline{N}$: AF → GF
d	1/N
1, c, GSB 4	$\underline{D1}/\underline{N}$
2, c, GSB 4	$\underline{D1} \cdot \underline{D2}/\underline{N}$
3, c, GSB 4	$\underline{D1} \cdot \underline{D2} \cdot \underline{D3}/\underline{N} = \underline{ZZ}$

Wir wählen als Zahlenbeispiel $\underline{D1}$ = 100 Ω /30°, $\underline{D2}$ = 200 Ω /− 60°, $\underline{D3}$ = 300 Ω /0°.
Die Rechnung liefert als Ergebnis (s. a. Benutzeranleitung)

$\underline{S1}$ = 119.5320 Ω /− 45.7916°
$\underline{S2}$ = 59.7660 Ω /44.2084°
$\underline{S3}$ = 39.8440 Ω /− 15.7916°

$\underline{ZZ}$ hatte dabei den Wert 11953.1987 Ω²/− 15.7916°.

Benutzeranleitung für Beispiel 1

Programm: 790218.0181 |LBL| A, B, C, D, E,   Kurzzeichen: Kompl.R.
Länge: 181 Zeilen   a, b, c, d, e   Rechner-Typ: 67, 97
                                  0, 1, 2, 3, 4, 5, 6, 7

Aufgabe: Komplexe Rechnung: Umwandlung Dreieck/Stern

Speicher-belegung	Taste(n)	Anzeige	Eingabe	Bemerkung
s. Text			φ_1; ENT; Z1	
	1, e		φ_2; ENT; Z2	
	2, e		φ_3; ENT; Z3	
	3, e			
	GSB 6			
	GSB 7	3	1	
	R/S	3	2	Druck: S1, φ(S1)
	R/S	3	3	Druck: S2, φ(S2)
	R/S	3		Druck: S3, φ(S3)

Beispiel 2: Es soll die Größe $\underline{r} = (\underline{Z1} - \underline{Z2})/(\underline{Z1} + \underline{Z2})$ berechnet werden. Wir gehen davon aus, daß $\underline{Z1} = 100\ \Omega/30°$ und $\underline{Z2} = 200\ \Omega/-60°$ in den Ziffernspeichern 1 und 2 vorhanden sind. Wir beginnen mit der Berechnung des Nenners, weil dann die abschließende Division einfacher wird:

GSB 0	1, A
GSB 2	2, A
TOP	D
0, e	0, e
GSB 0	1, A
GSB 1	2, a
TOP	D
0, c	0, c
GSB 3	GSB 3
Lösung a	Lösung b

Die Rechnung liefert als Ergebnis
$\underline{r} = 1.0 / 126.8699°$

Beispiel 3: Bei der in Bild D.4.1/4 angegebenen Schaltung seien die beiden Quellenspannungen $\underline{U01}$ und $\underline{U02}$ in den Ziffernspeichern 4 und 5 gespeichert und die drei Leitwerte $\underline{Y1}\ldots\underline{Y3}$ in den Ziffernspeichern 1, 2, 3. Für die Berechnung der Spannung $\underline{U03}$ gilt die Gleichung

$\underline{U03} = (\underline{U01} \cdot \underline{Y1} + \underline{U02} \cdot \underline{Y2})/(\underline{Y1} + \underline{Y2} + \underline{Y3})$.

Das Programm soll hier ohne Kommentar angegeben werden:

1, A, 2, A, 3, A, D, 0, e
4, B, 1, B, E, 1, e
5, B, 2, B, E, 2, e
1, A, 2, A, D
0, c
GSB 3

Der Leser möge es mit den folgenden Zahlenwerten kontrollieren

$\underline{U}_{01}$ = 380 V $\underline{/60°}$
$\underline{U}_{02}$ = 380 V $\underline{/0°}$
$\underline{Y}_1$ = 0.1 S $\underline{/30°}$
$\underline{Y}_2$ = 0.1 S $\underline{/30°}$
$\underline{Y}_3$ = 0.1 S $\underline{/-60°}$

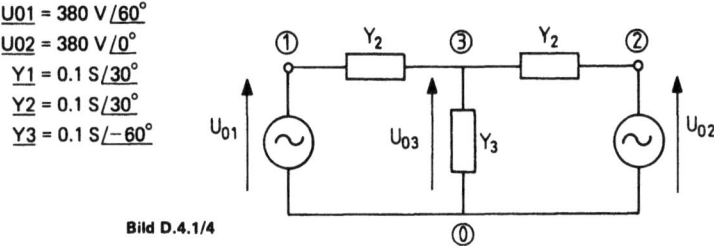

Bild D.4.1/4

und wird dann als Ergebnis finden (Sternpunktverlagerung im Drehstromsystem)

$\underline{U}_{03}$ = 294.3467 V $\underline{/56.5651°}$.

D.4.2 Ortskurve

Die gezeichnete Schaltung (Bild D.4.2/1) kann als Ersatzschaltung eines Transformators aufgefaßt werden.

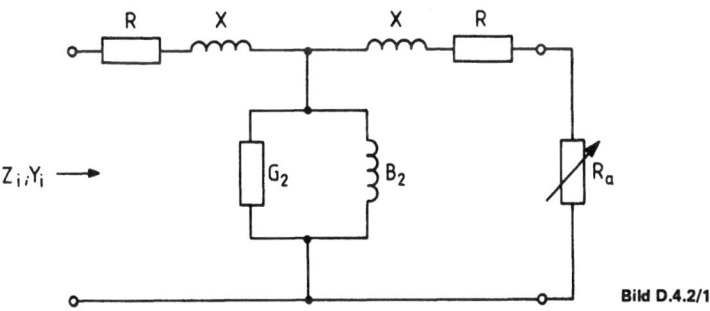

Bild D.4.2/1

Ra ist der Belastungswiderstand. Es sei die Aufgabe gestellt, die Ortskurve des Eingangsleitwertes Yi zu zeichnen. Mit den Bezeichnungen der Abbildung setzen wir $R + jX = \underline{Z}$ und $G_2 + jB_2 = \underline{Y}_2$. Dann läßt sich die Gleichung für den komplexen Eingangsleitwert sofort hinschreiben

$$\underline{Y}_i = 1/\underline{Z}_i; \quad \underline{Z}_i = \underline{Z} + \frac{1}{\underline{Y}_2 + \frac{1}{\underline{Z} + R_a}}.$$

Für die Erklärung im Programm nennen wir weiter

$$\underline{Z} + Ra = \underline{Zp}; \quad 1/\underline{Zp} = \underline{Yp}; \quad 1/(\underline{Y2} + \underline{Yp}) = \underline{Z23} = R23 + jX23.$$

Für das Programm werden keine speziellen Unterprogramme benutzt. Für einen eingegebenen Belastungswiderstand Ra wird der Eingangsleitwert (Wirk- und Blindkomponente) berechnet. Die Wahl der für die Ortskurve benötigten Werte bleibt dem Benutzer überlassen. Der Gang der Rechnung ist wegen der vollständigen Angabe der Inhalte der Speicher X, Y, Z ohne Schwierigkeiten verständlich. Da der Phasenwinkel eines Leitwertes entgegengesetztes Vorzeichen hat wie der zugehörige Widerstand, müssen in den Zeilenpaaren 6; 7, 16; 17 und 28; 29 in der Spalte Y die Vorzeichen gewechselt werden, obgleich der Zahlenwert im Speicher Y unverändert bleibt.

Programm D.4.2

Zeile	Programm	X	Y	Z	Bemerkung
0		Ra			manuell eingeben
1	RCL 0	R	Ra		
2	+	R + Ra			
3	RCL 1	X	R + Ra		
4	CHS	− X	R + Ra		
5	CHXY	R + Ra	− X		
6	TOP	Zp	−φ(Zp)		
7	1/x	Yp	φ(Zp)		
8	TOR	Gp	Bp		
9	RCL 2	G	Gp	Bp	
10	+	G + Gp	Bp		
11	CHXY	Bp	G + Gp		
12	RCL 3	B	Bp	G + Gp	
13	+	B + Bp = B23	G + Gp = G23		
14	CHS	− B23	G23		
15	CHXY	G23	− B23		
16	TOP	Y23	−φ(Y23)		
17	1/x	Z23	φ(Z23)		
18	TOR	R23	X23		
19	RCL 0	R	R23	X23	
20	+	R + R23 = Ri	X23		
21	STO 4				Ri → (4)
22	CHXY	X23	Ri		
23	RCL 1	X	X23	Ri	
24	+	X + X23 = Xi	Ri		
25	STO 5				Xi → (5)
26	CHS	− Xi	Ri		
27	CHXY	Ri	− Xi		
28	TOP	Zi	−φ(Zi)		
29	1/x	Yi	φ(Yi)		
30	TOR	Gi	Bi		
31	STO 6				Gi → (6)
32	CHXY	Bi	Gi		
33	STO 7				Bi → (7)
34	CHXY	Gi	Bi		
35	R/S				

Zahlenbeispiel: Im Bild D.4.2/2 ist der Verlauf des Eingangsleitwertes für den Bereich
Ra = 0...∞ mit den Werten R = 1, X = 4, G2 = 0.001, B2 = – 0.004 gezeichnet.

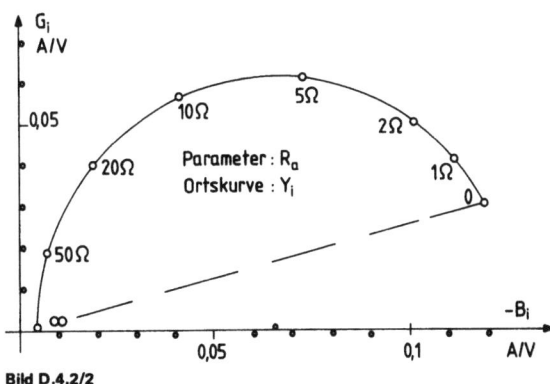

Bild D.4.2/2

Benutzeranleitung

Programm: D.2.4 |LBL| –
Länge: 35 Zeilen
Aufgabe: Berechnung des komplexen Eingangsleitwertes einer Schaltung

Kurzzeichen: Ortsk.
Rechner-Typ:

Speicher-belegung	Taste(n)	Anzeige	Eingabe	Bemerkung
R → (0)	RTN		R	
X → (1)	STO 0		X	
G2 → (2)	STO 1		G2	
B2 → (3)				
Ri → (4)	STO 2		B2	
Xi → (5)	STO 3		Ra	
Gi → (6)	R/S	Gi	Ra	(Y) = Bi
Bi → (7)	RTN, R/S	Gi	usw.	(Y) = Bi

D.4.3 Resonanzkreis

Es sei die Aufgabe gestellt, das Verhältnis der Ausgangsspannung U2 zur Eingangsspannung U1 für die in Bild D.4.3/1 gezeichnete Schaltung zu bestimmen, in welcher ein Resonanzkreis mit einem kleinen Kondensator C1 „lose" an den Generator angekoppelt ist. Die Gleichungen lassen sich einfach hinschreiben. Wir nennen das Spannungsverhältnis (den Frequenzgang) $\underline{F}$. Es ist

$\underline{F} = \underline{U2}/\underline{U1} = 1/(1 + \underline{Z1} \cdot \underline{Y2})$ mit $\underline{Z1} = 1/j\omega C1$.

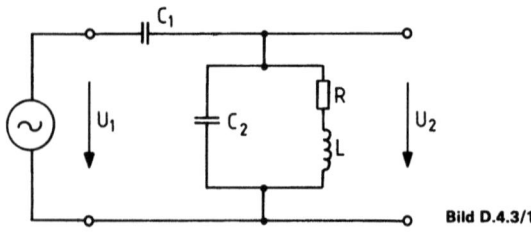

Bild D.4.3/1

Für die Erläuterungen im Programm kürzen wir noch ab $\underline{Z1} \cdot \underline{Y2} = \underline{A} = AR + jAX$.

Programm D.4.3: Resonanzkurve

		(X)	(Y)		Beispiel
01	LBL 0			$\omega \to (0)$	98000/s
02	RCL 0			C1 $\to$ (1)	0.2 nF
03	PRTX			C2 $\to$ (2)	10 nF
04	RCL 4			R $\to$ (3)	10 Ω
05	×	ωL		L $\to$ (4)	10 mH
06	RCL 3	R		$\Delta\omega \to$ (5)	100/s
07	TOP	ZL	φ(ZL)		
08	1/x	YL*	$-\varphi$(YL)		
09	TOR				
10	CHXY				
11	CHS	BL	GL		
12	RCL 2				
13	RCL 0				
14	×	ωC			
15	+	B	G = GL		
16	CHXY	G	B		
17	TOP	Y2	φ(Y2)		
18	RCL 1				
19	:				
20	RCL 0				
21	:	Y2/ωC	φ(Y2)		
22	CHXY	φ(Y2)	Y2/ωC = A		
23	9				
24	0				
25	−	φ(A)	A		
26	CHXY				
27	TOR	AR	AX		
28	1				
29	+	1 + AR	AX		
30	TOP	1/F	φ(1/F)		
31	1/x	F	$-\varphi$(F)		
32	PRTX				
33	CHXY	$-\varphi$(F)	F		
34	CHS	φ(F)	F		
35	PRTX				
36	SPC	Zwischenraum			
37	RCL 5	$\Delta\omega$			
38	STO + 0	$\omega := \omega + \Delta\omega$			
39	GTO 0				
40	RTN				

Die Rechnung wurde mit dem Typ 19C ausgeführt, der gemäß Programm die Wertetripel ω, F, φ(F) kontinuierlich ausdruckt, so daß für die Anfertigung der Zeichnung schnell eine vollständige Tabelle vorliegt. Um Einzelheiten wie die genaue Lage des Maximums oder die genaue Lage des 90°-Punktes herauszufinden, kann man in Form einer „Lupe" in der unmittelbaren Umgebung mit sehr kleinen Frequenzschritten diesen Bereich spreizen und die Werte dann ermitteln. Der Verlauf der so berechneten Kurven mit den Werten des Beispiels ist im Bild D.4.3/2 gezeichnet.

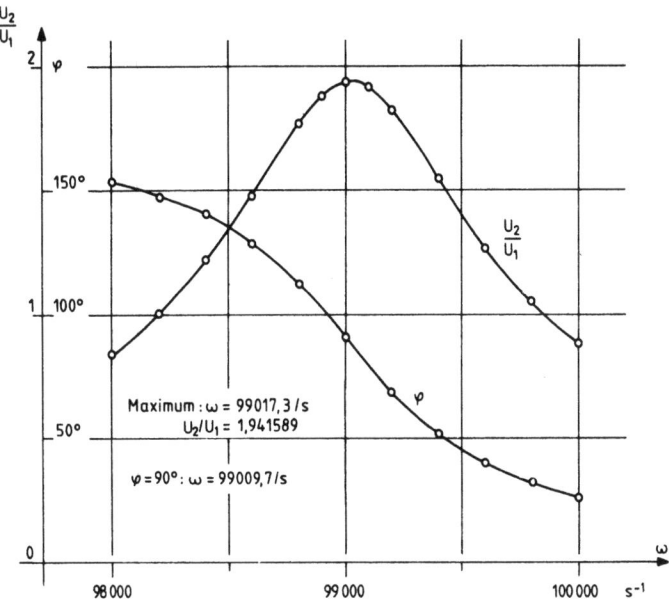

Bild D.4.3/2

D.4.4 Spannungsfall auf einer Leitung

Ein Verbraucher (Wechsel- oder Drehstrom) entnimmt bei einer Spannung U_2 eine Wirkleistung P_2 bei einem induktiven $\cos \varphi_2$. Die Zuleitung mit der einfachen Länge l hat einen Widerstandsbelag R' (einphasig für Hin- und Rückleitung, bei Drehstrom für Hinleitung) und einen induktiven Blindwiderstandsbelag X' angegeben in Ω/km. Die Spannung U_1, die Leistung P_1 und der Leistungsfaktor $\cos \varphi_1$ sollen berechnet werden. In einem Erweiterungsprogramm soll der Fall behandelt werden, daß bei vorgegebener Leistung P_2 und bei vorgegebener Einspeisespannung U_1 die Strom- und Spannungsverhältnisse berechnet werden sollen.

Wir entwickeln ein benutzerfreundliches und damit notwendigerweise etwas umfangreicheres Programm. Im Programm 0 werden die Daten eingelesen. Im Programm 1 wird der erste Fall behandelt, im Programm 2 im Anschluß an 1 der zweite. Für den Ausdruck der Daten der Sekundärseite und der Primärseite sind jeweils noch die Ausdruckprogramme A und B verfügbar (Rechner 97).

Das Programm kann grundsätzlich auch ohne jede Änderung für die Berechnung der Spannungsverhältnisse am belasteten Transformator benutzt werden, wenn bei der Eingabe statt der Länge l eine eins eingegeben wird und statt der Widerstandsbeläge die Kurzschlußwerte des Transformators benutzt werden (s. Beispiel).

Die Daten für die Leitung erhalten den Index L. Die folgenden Gleichungen werden benutzt (s. Bild D.4.4/1):

$$P = U \cdot I \cdot \cos\varphi. \quad (1)$$

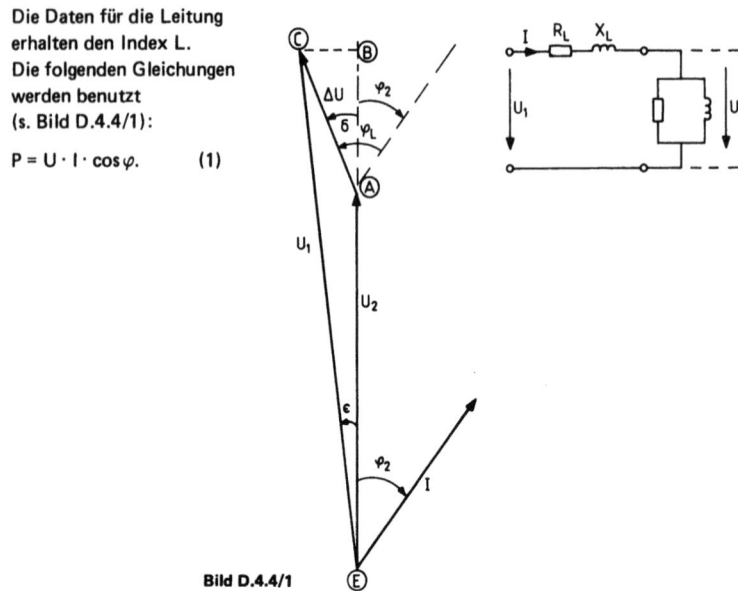

Bild D.4.4/1

Für den Fall der Drehstromleitung steht hier I als Abkürzung für $I_L \cdot \sqrt{3}$.

$$R_L = l \cdot R'; \quad X_L = l \cdot X'; \quad Z_L = \sqrt{R_L^2 + X_L^2}. \quad (2)$$

$$\tan\varphi_L = X_L/R_L. \quad (3)$$

$$\Delta U = I \cdot Z_L. \quad (4)$$

$$\delta = \varphi_L - \varphi_2. \quad (5)$$

$$\Delta U_w = \Delta U \cdot \cos\delta; \quad \Delta U_b = \Delta U \cdot \sin\delta. \quad (6)$$

$$\tan\epsilon = \Delta U_b/(U_2 + \Delta U_w). \quad (7)$$

$$\varphi_1 = \varphi_2 + \epsilon. \quad (8)$$

$$U_1 = \sqrt{(U_2 + \Delta U_w)^2 + \Delta U_b^2}, \quad P_1 = U_1 \cdot I \cdot \cos\varphi_1. \quad (9)$$

Für den zweiten Fall der gegebenen Eingangsspannung U_1, die zur Unterscheidung vom ersten Fall hier mit U_{12} bezeichnet wird (und die zugehörige Ausgangsspannung dann mit U_{22}) wurde eine Abschätzungsgleichung entwickelt, die auf der Annahme beruht, daß die Spannungsdreiecke bei geringfügigen Änderungen „fast" ähnlich sind. Mit den Abkürzungen $d = U_1/U_2 - 1$; $g = U_{12}/(2 \cdot U_2)$; $h = U_{22}/U_2$ ergibt sich dann die recht gute Abschätzungsformel $h \approx g + \sqrt{g^2 - d}$. Sie wurde für die Entwicklung des Programms 2 benutzt.

Programm D.4.4

Flowchart (Bild D.4.4/2):

- ⓪
- ▱ 1 ← P_2
- ▱ 2 ← U_2
- ▱ 3 ← $\cos\varphi_2$
- ▱ 4 ← l
- ▱ 5 ← R'
- ▭ R
- ▱ 6 ← X'
- ▭ x
- ◯
- ①
- $I = P_2 / (U_2 \cdot \cos\varphi_2)$ — 29
- $R_L; X_L \to Z_L; \varphi_L$ — 32
- $\Delta U = Z_L \cdot I$ — 34
- $\delta = \varphi_L - \varphi_2$ — 38
- $\Delta U; \delta \to \Delta U_w; \Delta U_b$ — 40
- $U_{1w} = U_2 + \Delta U_w$ — 42
- $U_{1w}; U_{1b} \to U_1; \epsilon$ — 43
- $U_1 \to (8)$ — 44
- $\varphi_1 = \epsilon + \varphi_2$ — 48
- $\cos\varphi_1 \to (9)$ — 50
- $P_1 = U_1 \cdot I \cdot \cos\varphi_1 \to (7)$ — 54

```
790223.1698 ***
001  *LBL0
002     1
003    R/S
004   ST01
005     2
006    R/S
007   ST02
008     3
009    R/S
010   ST03
011     4
012    R/S
013   ST05
014   ST06
015     5
016    R/S
017   ST×5
018     6
019    R/S
020   ST×6
021    CLX
022    RTN
023  *LBL1
024   RCL1
025   RCL2
026     ÷
027   RCL3
028     ÷
029   ST08
030   RCL6
031   RCL5
032    →P
033   RCL0
034     ×
035    X⇄Y
036   RCL3
037   COS⁻¹
038     −
039    X⇄Y
040    →R
041   RCL2
042     +
043    →P
044   ST08
045    X⇄Y
046   RCL3
047   COS⁻¹
048     +
049    COS
050   ST09
051     ×
052   RCL0
053     ×
054   ST07
055    RTN
```

Bild D.4.4/2

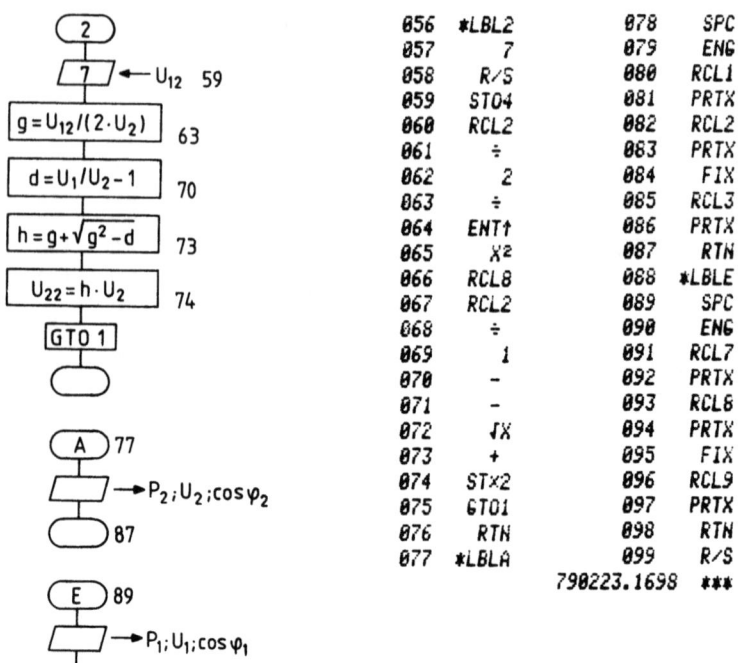

Benutzeranleitung

Programm: 790223.1698 [LBL] 0, 1, 2, A, E
Länge: 98 Zeilen
Aufgabe: Berechnung des Wechselspannungsfalls auf einer Leitung

Kurzzeichen: Spannungsfall
Rechner-Typ:

Speicherbelegung	Taste(n)	Anzeige	Eingabe	Bemerkung
$P_2 \to (1)$	GSB 0	1	P_2	
$U_2 \to (2)$	R/S	2	U_2	
$\cos\varphi_2 \to (3)$	R/S	3	$\cos\varphi_2$	
$U_{12} \to (4)$	R/S	4	l	Leitungslänge
$R \to (5)$	R/S	5	R'	
$X \to (6)$	R/S	6	X'	Ende/Eingabe
$P_1 \to (7)$	GSB 1	P_1		
$U_1 \to (8)$	E	$P_1, U_1, \cos\varphi_1$		Ausdruck
$\cos\varphi_1 \to (9)$				
$l \to (0)$				
	Rechnung bei gegebenem U_2 beendet			
Ist U_1 (im Programm U_{12}) vorgegeben, dann wird die Rechnung fortgesetzt:				
	GSB 2	7	U_{12}	
	A	$P_2, U_2, \cos\varphi_2$		Ausdruck
	E	$P_1, U_1, \cos\varphi_1$		Ausdruck

Beispiel 1: Ein Verbraucher entnimmt eine Wirkleistung von maximal 18 MW bei einem $\cos\varphi_2 = 0.9$. Es soll die Frage entschieden werden, welche der folgenden beiden Möglichkeiten der Energieversorgung vorzuziehen ist.

1. Anschlußleitung 3 km, $R' = 0.157$ Ω/km
                                       $X' = 0.0785$ Ω/km
   Spannung am Einspeisepunkt $1.05 \cdot 10$ kV.
2. Anschlußleitung 45 km, $R' = 0.251$ Ω/km
                                       $X' = 0.350$ Ω/km
   Spannung am Einspeisepunkt $1.05 \cdot 110$ kV.

Für die Lösung wird in beiden Fällen zunächst an der Verbraucherseite eine Spannung frei gewählt, wobei diese Wahl ohne große Bedeutung ist, da im Programmteil 2 sowieso eine Korrektur vorgenommen wird. Mit der Anzeige 1 im X-Register wird der Benutzer zur Eingabe der Wirkleistung aufgefordert. Bevorzugt ein Benutzer die Eingabe der Scheinleistung, dann müßte er zwischen Zeile 10 und 11 des Programms den Befehl STO X 1 einfügen.

Als Kriterium für die Gegenüberstellung der beiden Möglichkeiten wird einmal die Spannung U2 angegeben und dann die Verlustleistung auf der Leitung P1–P2.
Die Rechnung ergibt die Werte

	Fall 1	Fall 2
U2	9.3769 kV	112.46 kV
P1–P2	2.143 MW	0.357 MW

Prüft man zur Kontrolle im zweiten Fall die Eingangsspannung nach, dann findet man bei einem Schätzwert U2 am Beginn der Rechnung von 110 kV die Speisespannung U1 = 115 499.5 V statt der geforderten 115 500. Eine Steigerung der Rechengenauigkeit durch Wiederholung des Programmteiles 2 ist also nicht erforderlich.

Beispiel 2: Ein Transformator mit den Nenndaten 20/0.4 kV, 500 kVA, $u_k = 4.00$ %, $u_r = 1.1$ % wird auf der Oberspannungsseite mit 20.0 kV gespeist. Auf der Unterspannungsseite ist die Scheinleistung 90 % und der $\cos\varphi_2 = 0.85$. Die Spannung U2 am Verbraucher und der $\cos\varphi_1$ auf der Einspeiseseite sind zu berechnen.

Die Rechnung wird mit den Werten der Unterspannungsseite ausgeführt. Der Transformator wird vom Programm als „Leitung mit der Länge 1" und dem Kurzschlußwiderstand $\underline{Zk}$ als „Leitungswiderstand" aufgefaßt. $\underline{Zk}$ wird gesondert berechnet mit den Formeln

$$Zk = u_k \cdot U^2/Sn = 0.04 \cdot 400^2/500\,000 = 0.01280\ \Omega;\quad \cos\varphi_k = u_r/u_k = 1.1/4.$$

Damit werden die Komponenten von $\underline{Zk}$ dann $Rk = 0.003520\ \Omega$, $Xk = 0.0123065\ \Omega$. Beim Programm wird bei der Anzeige 4 im X-Register die „Länge" 1 eingegeben, bei 5: Rk und bei 6: Xk. Es müssen beide Programmteile durchlaufen werden. Beim ersten Durchgang wird wieder eine Spannung am Verbraucher geschätzt (ein beliebiger Wert etwa zwischen 380 V und 390 V). Die Rechnung liefert dann als Ergebnis

    U2 = 388.9 V; $\cos\varphi_1 = 0.8366$.

D.4.5 Schaltvorgang

Es wurde hier ein Beispiel einer RC-Schaltung gewählt, wie sie z.B. bei verzögert nachgebenden Rückführungen in der Regelungstechnik verwendet wird (s. Bild D.4.5/1).

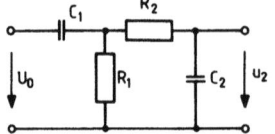

Bild D.4.5/1

Bevor die Lösung entwickelt wird, wird zunächst der Signalflußplan gezeichnet (Bild D.4.5/3), für den im Bild D.4.5/2 die verwendeten Symbole erläutert sind. Der Signalflußplan läßt erkennen, daß der obere Zweig für i0 weitgehend ähnlich ist dem unteren Zweig für i2. Aus diesem Grunde wurde hier eine spezielle Programmierung entwickelt, die vielleicht von allgemeinem Interesse ist. Es wurde ein Unterprogramm A entwickelt (s. Programm D.4.5/A), welches als Programm A die obere „Zeile" und als Programm B = A' die untere „Zeile" des Signalflußplanes in Bild D.4.5/3 berechnet. Dieses „Zweizeilenverfahren" wird dadurch ermöglicht, daß mit dem Speicherumschalter die Speicher 0...9 und 10...19 vertauscht werden können. Im Programm D.4.5/A sind auf der linken Seite unter A die Gleichungen und die zugehörigen Speicher angegeben und auf der rechten Seite unter B = A' die korrespondierenden Gleichungen und Speicher. Daneben ist das Programm angegeben, welches für beide „Zeilen" gilt, und dahinter die Ergebnisse der Rechnung für A bzw. A'.

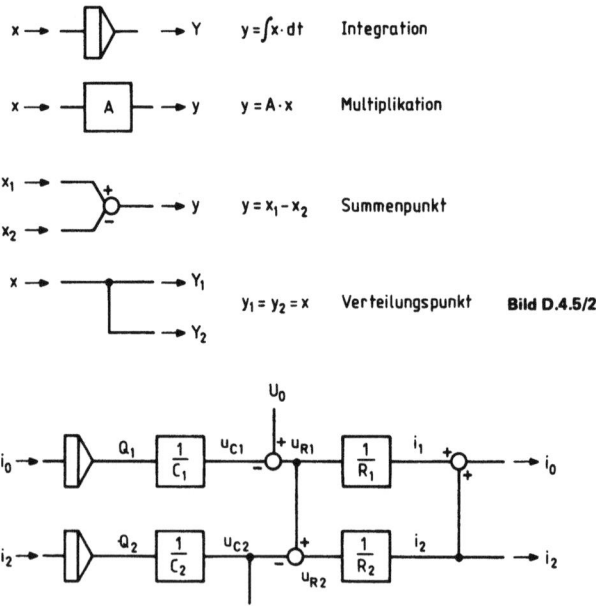

Bild D.4.5/3

Programm D.4.5/A

A

Q12	:=	Q10 + i0 · d
uC1	:=	Q12/C1
uR1	:=	U0 − uC1
i12	:=	uR1/R1

R1 → (1)
C1 → (2)
U0 → (3)
uR1 → (4)
uC1 → (5)
Q10 → (6)
Q12 → (7)
i0 → (8)
i12 → (9)

B = A′

Q22	:=	Q20 + i2 · d
uC2	:=	Q22/C2
uR2	:=	uR1 − uC2
i22	:=	uR2/R2

R2 → (11)
C2 → (12)
uR1 → (13)
uR2 → (14)
uC2 → (15)
Q20 → (16)
Q22 → (17)
i2 → (18)
i22 → (19)

		A ↓	A′ ↓
93	*LBL A		
94	RCL 8		
95	RCL D		
96	×		
97	RCL 6		
98	+		
99	STO 7	Q12	Q22
100	RCL 2		
101	:		
102	STO 5	uC1	uC2
103	CHS		
104	RCL 3		
105	+		
106	STO 4	uR1	uR2
107	RCL 1		
108	:		
109	STO 9	i12	i22
110	RTN		

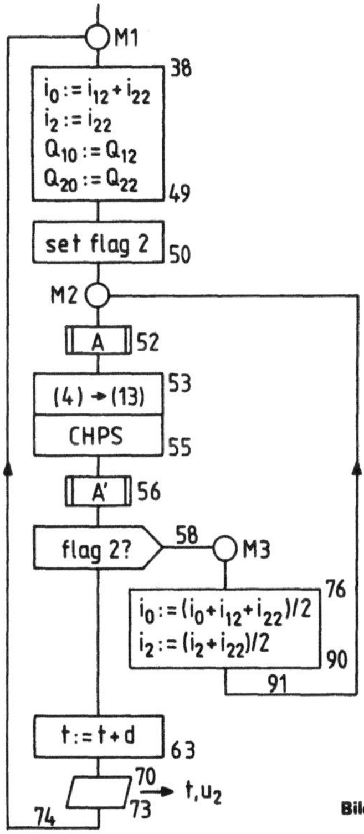

Bild D.4.5/4

Programm D.4.5/B

```
790307.0110  ***         038  *LBL1         076  RCL8
001  *LBL0               039  P⇄S           077  RCL9
002   1                  040  RCL7          078   +
003  R/S                 041  STO6          079   2
004  STO1                042  RCL9          080   ÷
005   2                  043  STO8          081  STO8
006  R/S                 044  P⇄S           082  RCL9
007  STO2                045  RCL9          083  P⇄S
008   3                  046   +            084  RCL9
009  R/S                 047  STO8          085   +
010  STO3                048  RCL7          086  RCL8
011  STOE                049  STO6          087   +
012  RCL1                050  SF2           088   2
013   ÷                  051  *LBL2         089   ÷
014  STO9                052  GSBA          090  STO8
015   4                  053  RCL4          091  GTO2
016  R/S                 054  P⇄S           092  RTN
017  P⇄S                 055  STO3          093  *LBLA
018  STO1                056  GSBA          094  RCL8
019  1/X                 057  F2?           095  RCLD
020  RCLE                058  GTO3          096   x
021   x                  059  RCL5          097  RCL6
022  STO9                060  STOE          098   +
023   5                  061  P⇄S           099  STO7
024  R/S                 062  RCLD          100  RCL2
025  STO2                063  ST+0          101   ÷
026   0                  064  RCL0          102  STO5
027  STO7                065  RCLC          103  CHS
028  P⇄S                 066   ÷            104  RCL3
029   0                  067  FRC           105   +
030  STO7                068  X≠0?          106  STO4
031  STO0                069  GTO1          107  RCL1
032   6                  070  RCL0          108   ÷
033  R/S                 071  PRTX          109  STO9
034  STOD                072  RCLE          110  RTN
035   7                  073  PRTX          111  R/S
036  R/S                 074  GTO1          790307.0110  ***
037  STOC                075  *LBL3
```

Unter Verwendung dieses Doppelprogramms A/A' ist im Bild D.4.5/4 der Programmablaufplan gezeichnet. In Zeile 52 wird das Unterprogramm A für die obere Hälfte und in Zeile 56 das Programm A' für die untere Hälfte des Bildes D.4.5/3 gerufen.

Das Programm ist weiter so aufgebaut, daß mit Hilfe der Flagge 2 (Zeile 50 und 58) eine „Rückkopplungsschleife" eingebaut wurde. Für die Ströme i0 und i2 am Ende eines Zeitintervalls wird zunächst im ersten Durchgang eine Näherungslösung bestimmt, mit deren Hilfe ein genäherter Mittelwert für den Zeitabschnitt berechnet wird. Beim zweiten Durchgang wird mit diesem Mittelwert dann die genauere Rechnung durchgeführt. Dieses „Rückkopplungsverfahren" arbeitet wesentlich genauer als das einfache, welches im Gegensatz dazu als „Geradeausverfahren" bezeichnet werden könnte und welches meistens angewendet wird, wenn es auf einfache Programmierung und Einsparung von Speicherplatz ankommt [5]. Das vollständige Programm ist im Programm D.4.5/B angegeben. Die Zeilennummern im Programmablaufplan beziehen sich auf dieses Programm.

Benutzeranleitung

Programm: 790307.0110 $\boxed{\text{LBL}}$ 0, 1, 2, 3, A   Kurzzeichen: SV1
Länge: 110 Zeilen   Rechner-Typ: 67, 97
Aufgabe: Schaltvorgang mit Schrittverfahren

Speicherbelegung	Taste(n)	Anzeige	Eingabe	Bemerkung
s. Programm D.4.5/A	GSB 0	1	R1	
außerdem:	R/S	2	C1	
$t \to (0)$	R/S	3	U0	
$\Delta t_d \to (C)$	R/S	4	R2	
$\Delta t \to (D)$	R/S	5	C2	
U0 $\to$ (E)	R/S	6	Δt	
	R/S	7	Δt_d	
	R/S	Tabellenausdruck: t, u2		
Bei Zeitschritt Δt = 0.1 s etwa 75 s Rechenzeit für eine Sekunde Echtzeit.				

Tabelle D.4.5: Werte für u2

t = 2	10	20	30 s	Schritt	Verfahren	Zeit für 30 s
1.4940	2.7261	2.0595	1.4201	ex. m. DGl.		
1.4913	2.7244	2.0593	1.4202	0.4 s	R	
1.4934	2.7257	2.0594	1.4201	0.2 s	R	
1.4939	2.7260	2.0595	1.4201	0.1 s	R	37.5 min.
1.5533	2.7605	2.0534	1.4084	0.4 s	G	
1.5302	2.7440	2.0565	1.4142	0.2 s	G	
1.5118	2.7350	2.0580	1.4172	0.1 s	G	
1.4958	2.7270	2.0593	1.4198	0.01 s	G	186 min.

R Rückkopplungsverfahren, G Geradeausverfahren

Berechnet man für den hier angenommenen Einschaltvorgang einer konstanten Spannung U0 den Verlauf der Spannung u2 mit Hilfe der Methoden zur Lösung von Differentialgleichungen, dann findet man als Lösung für die Ausgangsspannung

$$u2 = \frac{U0}{\tau_1 \cdot (\lambda_1 - \lambda_2)} \cdot (e^{\lambda_1 \cdot t} - e^{\lambda_2 \cdot t}).$$

Dabei ist

$\lambda_1 = -a/2 + \sqrt{a^2/4 - b}$; $\lambda_2 = -a/2 - \sqrt{a^2/4 - b}$;
$a = (\tau_1 + \tau_2 + \tau_{12})/(\tau_1 \cdot \tau_2)$; $b = 1/(\tau_1 \cdot \tau_2)$;
$\tau_1 = R1 \cdot C1$; $\tau_2 = R2 \cdot C2$; $\tau_{12} = R1 \cdot C2$.

Programm D.4.5/C

```
790306.2185 ***     022    x         044    +         066   ISZI
001   *LBL1         023    1/X       045    CHS       067   RCLI
002   0             024    STOB      046    STO6      068   RCL8
003   R/S           025    RCL1      047    RTN       069    x
004   STO0          026    RCL2      048   *LBL2      070   ENT↑
005   1             027    +         049    RCL5      071   ENT↑
006   R/S           028    RCL3      050    RCL6      072   PRTX
007   STO3          029    ÷         051    -         073   RCL5
008   2             030    x         052    RCL2      074    x
009   R/S           031    2         053    x         075    e^x
010   STO2          032    ÷         054    1/X       076    X≷Y
011   1             033    STOA      055    RCL0      077   RCL6
012   R/S           034    X²        056    x         078    x
013   STO1          035    RCLB      057    STO7      079    e^x
014   RCL3          036    -         058    RTN       080    -
015   ST×1          037    √X        059   *LBL3      081   RCL7
016   2             038    STOI      060    0         082    x
017   R/S           039    RCLA      061    STOI      083   PRTX
018   ST×2          040    -         062    8         084   GTO4
019   ST×3          041    STO5      063    R/S       085    RTN
020   RCL1          042    RCLA      064    STO8      086    R/S
021   RCL2          043    RCLI      065   *LBL4      790306.2185 ***
```

Benutzeranleitung

Programm: 790306.2185 [LBL] 1, 2, 3, 4 Kurzzeichen: SV2
Länge: 85 Zeilen Rechner-Typ: 67, 97
Aufgabe: Schaltvorgang nach Lösung der Differentialgleichung

Speicherbelegung	Taste(n)	Anzeige	Eingabe	Bemerkung
C1, $\tau 1 \to$ (1)	GSB 1	0	U0	
R2, $\tau 2 \to$ (2)	R/S	1	R1	
R1, $\tau 12 \to$ (3)	R/S	2	R2	
$\lambda 1 \to$ (5)				
$\lambda 2 \to$ (6)	R/S	1	C1	
U0 $\to$ (0)	R/S	2	C2	
u2m $\to$ (7)	R/S	$\lambda 2$	—	
$\Delta t_d \to$ (8)	GSB 2	u2m	—	
a/2 $\to$ (A)	GSB 3	8	Δt_d	Druckzeitdifferenz
b $\to$ (B)	R/S	Tabellenausdruck: t, u2		

Für die Auswertung dieser Gleichung wurde das Programm D.4.5/C geschrieben, welches mit 85 Zeilen nicht viel weniger Platz benötigt als das Programm für das Schrittverfahren (110 Zeilen).

An einem Zahlen-*Beispiel* mit R1 = 10 MΩ, R2 = 10 MΩ, C1 = C2 = 1 μF, U0 = 10 V (s. Bild D.4.5/5) sollen bei verschiedenen Schrittweiten die Genauigkeit des Rückkopplungsverfahrens und des Geradeausverfahrens gegenübergestellt und einige Rechenzeiten angegeben werden (s. Tab. D.4.5):

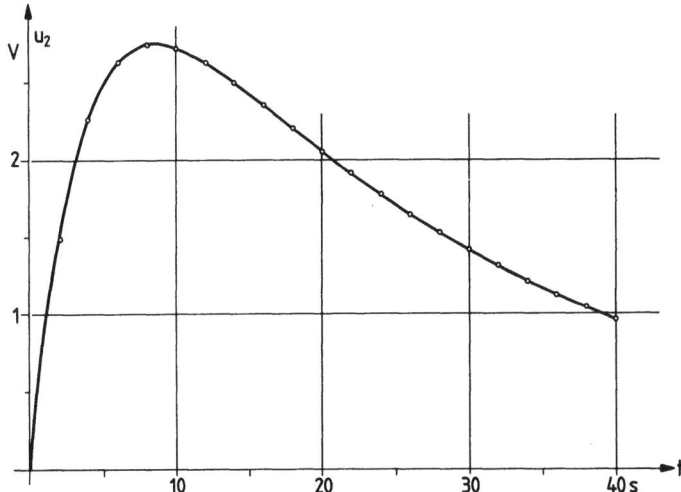

Bild D.4.5/5 Zeitlicher Verlauf der Ausgangsspannung

D.4.6 Harmonische Analyse (Magnetisierungsstrom)

In der Wechselstromtechnik ergeben sich sehr oft Ströme, bei denen eine besondere Art von Symmetrie vorliegt in der Form, daß $f(t + T/2) = -f(t)$. Diese auch als Wechselsymmetrie bezeichnete Form liegt auch bei dem für das folgende Beispiel ausgewählten Magnetisierungsstrom eines Transformators vor:

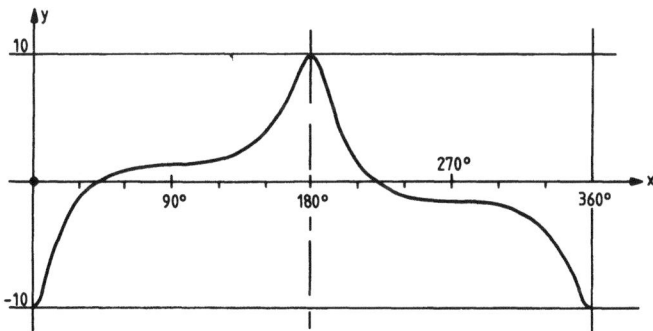

Bild D.4.6/1 Magnetisierungsstrom

Tabelle 1

x/°	y	x/°	y
0	−10.0000	90	1.5000
7.5	− 8.2661	97.5	1.5647
15	− 5.1213	105	1.6427
22.5	− 2.6605	112.5	1.7498
30	− 1.0981	120	1.9059
37.5	− 0.1395	127.5	2.1395
45	0.4570	135	2.4932
52.5	0.8365	142.5	3.0345
60	1.0826	150	3.8688
67.5	1.2451	157.5	5.1426
75	1.3554	165	6.9586
82.5	1.4349	172.5	8.9937
90	1.5000	180	10.0000

1. Die Funktion ist periodisch mit der Periode T und unterliegt der oben angegebenen Symmetriebedingung.
2. Die Funktionswerte für die erste Halbperiode sind durch 24 aequidistante Werte tabellarisch gegeben (z.B. Meßwerte).
3. Der Anteil höherer Harmonischer ($k \geq N - 1$) wird als vernachlässigbar angenommen.

Die Funktion läßt sich dann mit sehr guter Näherung als Summe trigonometrischer Funktionen nach Fourier darstellen (mit $\omega = 360°/T$):

$$y = a_0 + a_1 \cdot \cos \omega t + b_1 \cdot \sin \omega t + a_2 \cdot \cos 2\omega t + b_2 \cdot \sin 2\omega t + \ldots$$

oder durch

$$y = c_0 + c_1 \cdot \cos(\omega t + \varphi_1) + c_2 \cdot \cos(2\omega t + \varphi_2) + \ldots$$

Die oben angegebene Symmetrie führt dazu, daß alle geradzahligen Glieder null werden [8]. Die zu lösende Aufgabe sei, für die gleichstromfrei angegebene Funktion ($a_0 = 0$)

4.1 für $k = 1; 3; 5; 7$ die Glieder a_k, b_k, c_k und φ_k näherungsweise zu bestimmen;
4.2 den Effektivwert zu bestimmen.

Für die durch endliche Summen angenäherte Berechnung der Fourier-Koeffizienten gelten die folgenden Gleichungen, wobei k die Ordnungszahl der zu berechnenden Harmonischen angibt

$$a_k = \frac{2}{N} \cdot \sum_{i=1}^{N} y_i \cdot \cos(k \cdot i \cdot 180°/N)$$

$$b_k = \frac{2}{N} \cdot \sum_{i=1}^{N} y_i \cdot \sin(k \cdot i \cdot 180°/N)$$

Das Programm wird so angelegt, daß die acht verschiedenen Teilsummen A_k, B_k gleichzeitig schrittweise gebildet werden.

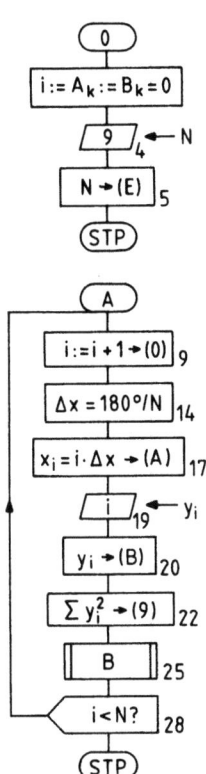

Bild D.4.6/2A

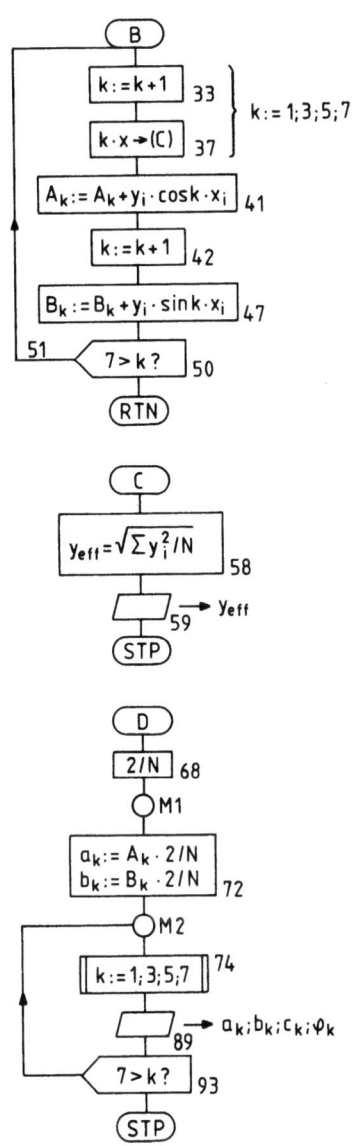

Bild D.4.6/2B

Programm D.4.6

```
790327.1895        024  STOI      048  RCLI      072  GTO1
001  *LBL0         025  GSBB      049    7       073  *LBL2
002  CLRG          026  RCL0      050  X>Y?      074  ISZI
003    9           027  RCLE      051  GTOB      075  RCLI
004  R/S           028  X>Y?      052  RTN       076  DSP0
005  STOE          029  GTOA      053  *LBLC     077  PRTX
006  RTN           030    0       054  RCL9      078  DSP4
007  *LBLA         031  RTN       055  RCLE      079  RCLi
008    1           032  *LBLB     056    ÷       080  PRTX
009  ST+0          033  ISZI      057   √X       081  STOD
010    1           034  RCLI      058  STO9      082  ISZI
011    8           035  RCLA      059  PRTX      083  RCLi
012    0           036    x       060  SPC       084  PRTX
013  RCLE          037  STOC      061  RTN       085  RCLD
014    ÷           038  COS       062  *LBLD     086   →P
015  RCL0          039  RCLB      063    8       087  PRTX
016    x           040    x       064  STOI      088  X⇄Y
017  STOA          041  ST+i      065  RCLE      089  PRTX
018  RCL0          042  ISZI      066    2       090  SPC
019  R/S           043  RCLC      067    ÷       091  RCLI
020  STOB          044  SIN       068  1/X       092    7
021  X²            045  RCLB      069  *LBL1     093  X>Y?
022  ST+9          046    x       070  STxi      094  GTO2
023    8           047  ST+i      071  DSZI      095  RTN
                                                 790327.1895  ***
```

Benutzeranleitung

Programm: 790327.1895 |LBL| 0, 1, 2, A, B, C, D   Kurzzeichen: FOUR.

Länge: 95 Zeilen

Aufgabe: Harmonische Analyse eines Magnetisierungsstromes

Speicherbelegung	Taste(n)	Anzeige	Eingabe	Bemerkung
$i = 1 (1) N \to (0)$	GSB 0	9	N	
$A_1, a_1 \to (1)$	R/S	N	–	
$B_1, b_1 \to (2)$				
$A_3, a_3 \to (3)$	A	1	y_1	A, B = Teil-
$B_3, b_3 \to (4)$	R/S	2	y_2	summen
$A_5, a_5 \to (5)$	R/S	3	usw.	a, b = Fourier-
$B_5, b_5 \to (6)$				koeffizienten
$A_7, a_7 \to (7)$		...	...	
$B_7, b_7 \to (8)$	R/S	N	y_N	
$\Sigma y^2, y_{eff} \to (9)$	R/S	0	–	
$x_i \to (A)$				
$y_i \to (B)$	D	Ausdruck: $k, a_k, b_k, c_k, \varphi_k$		
$k \cdot x_i \to (C)$		für $k = 1; 3; 5; 7$		
$a_k \to (D)$				
$N \to (E)$	C	Ausdruck: I_{eff}		

Die Berechnung der Teilsummen wird im Unterprogramm B vorgenommen. Vor dem Sprung ins Unterprogramm (Zeile 25) wird eine 0 in das Index-Register I eingespeichert. Durch den Befehl ISZ I wird das Index-Register jeweils um 1 erhöht, so daß die Teilsummen $\cos kx$ (A_k) in den ungerade und $\sin kx$ (B_k) in den gerade adressierten Speichern aufsummiert werden.

Im Programm C wird der Effektivwert gebildet. Das Programm D druckt die Einzelwerte a_k, b_k usw. aus.

Tabelle 2 (Ergebnisse)

	N = 12	N = 24
a_1	−4.6493	−4.6448
b_1	1.8218	1.8200
c_1	4.9935	4.9887
φ_1	158.6020°	158.6032°
a_3	−2.6792	−2.6728
b_3	0.4227	0.4170
c_3	2.7124	2.7051
φ_3	171.0350°	171.1326°
a_5	−1.3457	−1.3342
b_5	0.1270	0.1169
c_5	1.3517	1.3393
φ_5	174.6107°	174.9912°
a_7	−0.6910	−0.6688
b_7	0.0279	0.0128
c_7	0.6916	0.6689
φ_7	177.6886°	178.9034°
I_{eff}	4.1717	4.1593

Die Tabelle 2 gibt die Ergebniswerte a_k, b_k usw. einmal für n = 12 und einmal für N = 24 an. Bei dem gegebenen Kurvenverlauf kann die Genauigkeit durch Vergrößern der Zahl N nicht mehr erhöht werden (Betragsabweichungen kleiner als 10^{-4}, Winkelabweichungen kleiner als 0.1°). Die Bearbeitung eines Funktionswertes nach dem Einlesen dauert etwa 14 s.

Anhang

(Lösung der Übungsaufgaben)

Abschnitt B.1

B.1.7.1 (Ergebnisse mit FIX 9)

a) 0.795784472
b) −0.203850441
c) 4767.181880
d) 0.021131934

e) $-7.849286163 \cdot 10^{15}$
f) 0.081452937
g) 2.994679659
h) 1.975195403

B.1.7.2

a) 10;   b) 13;   c) 1

B.1.7.3

$s_1 = 6$; $s_2 = 84$; $p = 4096$; $q = 1$; $r = 2016$

B.1.7.4

$A_M = 443.945 \text{ dm}^2$; $A = 709.850 \text{ dm}^2$; $V = 1090.208 \text{ dm}^3$

Abschnitt B.2

B.2.9.1

$A = \pi/4 \cdot d^2 = \pi \cdot r^2$
$W = \pi/32 \cdot d^3 = \pi/4 \cdot r^3$
$I = \pi/64 \cdot d^4 = \pi/4 \cdot r^4$

```
01  *LBL1          10   4
02   2             11   ÷
03   8             12  RCL1
04   ÷             13   x
05  STO1           14  R/S → W
06   X²            15  RCL1
07   Pi            16   x
08   x             17  RTN → I
09  R/S → A
```

B.2.9.2

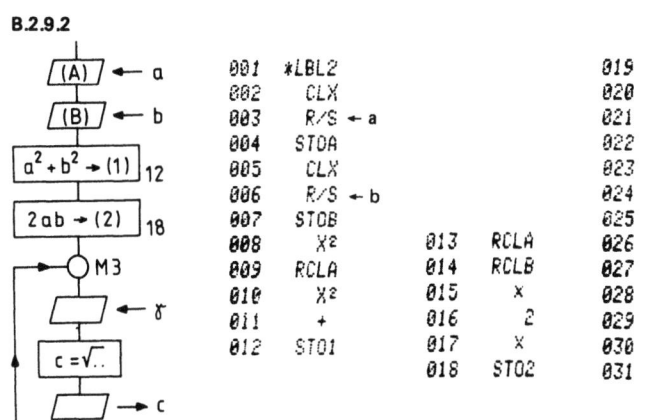

γ	17.8°	48.9°	81.0°	104.7°	126.5°	146.1°
c/cm	23.18	42.52	62.98	75.72	84.87	90.65

B.2.9.3

```
001  *LBL3           008  *LBL4           016    ÷
002   CLX            009    2             017    3
003   R/S ← a        010   RCLE           018    ÷
004   STOA           011    ×             019   STOE
005   CLX            012   RCLA           020   PRTX → xₙ
006   R/S ← x₀       013   RCLE           021   GTO4
007   STOE           014    X²            022   RTN
                     015    ÷
```

B.2.9.4

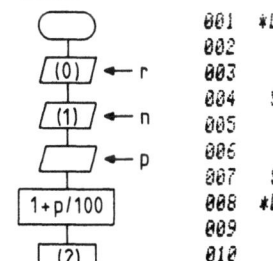

```
001  *LBL4           014    ÷             025   CLX
002   CLX            015    1             026    1
003   R/S ← r        016    +             027    -
004   STO0           017   STO2           028   ST÷3
005   CLX            018   ENT↑           029   RCL0
006   R/S ← n        019   ENT↑           030   RCL2
007   STO1           020   RCL1           031    ×
008  *LBL5           021    Yˣ            032   RCL3
009   CLX            022    1             033    ×
010   R/S ← p        023    -             034   R/S → kₙ
011    1             024   STO3           035   GTO5
012    0                                  036   RTN
013    0
```

Ergebnisse für n = 6:

p%	5.0	5.25	5.5	5.75	6.0	6.25	6.5
k_6	7142.01	7204.20	7266.89	7330.11	7393.84	7458.09	7522.87

B.2.9.5

```
001  *LBL5       011  RCLA         021  RCLB         029  *LBL7
002  CLX         012  x            022  -            030  RCLA
003  R/S ← a     013  4            023  GTO7         031  ÷
004  STOA        014  x            024  *LBL6        032  2
005  CLX         015  CHS  -4ac    025  RCLB         033  ÷
006  R/S ← b     016  RCLB         026  CHS          034  R/S → x₁;x₂
007  STOB        017  X²           027  RCL1         035  GTO6
008  CLX         018  +            028  -            036  RTN
009  R/S ← c     019  √X
010  STOC        020  STO1  √
```

Ergebnisse

x_1	3	2	−0.3395	27.1146	0.0394
x_2	−2	0.3333	−4.8721	4.1454	−0.0853

B.2.9.6

A → (1)
δ → (2)
ω → (3)
t = 0 → (4)

RAD;
GSB 6

```
001  *LBL6        012  RCL1
002  RCL3         013  x
003  RCL4         014  RCL4
004  x            015  PRTX  → t
005  SIN          016  X⇄Y
006  RCL2         017  PRTX  → y
007  RCL4         018  SPC
008  x            019  .
009  CHS          020  5
010  eˣ           021  ST+4
011  x            022  GTO6
             023  RTN
```

Ergebnisse:

t/s	0	0.5·	1.0	1.5	2.0	2.5	3.0	3.5	4.0
y/min	0	15.995	20.468	13.096	0.000	−10.722	−13.720	−8.778	0.000

t/s		4.5	5.0	5.5	6.0	6.5	7.0	7.5	8.0
y/min		7.187	9.197	5.884	0.000	−4.818	−6.165	−3.944	0.000

B.2.9.7

Berechnet wird $a + \sqrt{b^2 + 1} - \dfrac{2\,ab}{a+b}$

Abschnitt B.3

B.3.5.1

$x \to (1)$

```
01 *LBL1
02 CLX
03 R/S ← x
04 X<0?
05 GTO2
06 STO1
07 2
08 X≤Y?
09 GTO3
10 ÷
11 X²
12 R/S
13 *LBL3
14 RCL1
15 2
16 x
17 1
18 -
19 RCL1
20 1
21 +
22 ÷
23 R/S → y
24 *LBL2
25 √X
26 RTN
```

Lösungen:

x	0.5	4	1	2	0	3
y	0.0625	1.4	0.25	1·	0	1.25

B.3.5.2 (HP 67, 97)

$a_k \to (1)\ldots(6)$
$b_k \to (11)\ldots(16)$
$n \to (0)$
$k = 0 \to (I)$
$c \to (7)$
$s_0 = 0 \to (8)$

```
  2.90 STO1
  7.30 STO2
 -4.70 STO03
   .87 STO4
 -3.60 STO5
  2.90 STO6
       P⇄S
  5.10 STO1
 -4.90 STO2
  6.30 STO3
  1.23 STO4
  4.10 STO5
 -5.10 STO6
       P⇄S
  6.00 STO0
  1.90 STO7
  0.00 STO1
       GSB1
```

Ergebnis:

$(8) = s$
$(9) = r$
$(x) = p$

```
001 *LBL1
002 ISZI
003 RCLi
004 RCL7
005 +
006 P⇄S
007 RCLi
008 X²
009 x
010 P⇄S
011 ST+8
012 RCLI
013 RCL0
014 X≠Y?
015 GTO1
016 RCL7
017 X²
018 RCL8
019 √X
020 +
021 √X
022 STO9
023 RCL7
024 RCL8
025 x
026 RCL0
027 1
028 +
029 ÷
030 RTN
```

Ergebnisse: $s = 335.07$; $r = 4.6813$; $p = 90.947$

B.3.5.3

$a_0, a_n \to (1)$
$n_{max} \to (2)$
$0 \to (I)$

```
001 *LBL2
002 ISZI      n := n+1
003 3
004 RCL1
005 ÷
006 RCL1
007 √X
008 RCLI
009 1
010 +
011 ÷
012 +
013 STO1      a_n
014 RCLI      n
015 RCL2      n_max
016 X≠Y?
017 GTO2
018 RCL1
019 PRTX      a_n max
020 RTN
```

Lösung des Zahlenbeispiels:

a_0	a_5	a_{20}	a_{100}
1	2.0939	1.7094	1.7295
2	1.8801	1.7539	1.7370
10	1.7749	1.7738	1.7403

B.3.5.4

a) Teilsummen $s_n \to (0)$
   Nenner $N \to (1)$
   Vorzeichen $\to (2)$
   $-1 \to (3)$
   Fehler $\epsilon \to (4)$

   Start: $1 \to (0)$ $-1 \to (3)$
   $1 \to (1)$ $\epsilon \to (4)$
   $1 \to (2)$

   Ergebnis mit $\epsilon = 0.01$: 0.7804 statt 0.7854 43 s (19)

```
01  *LBL1    09  1/X
02  RCL3     10  X≤Y?
03  STx2     11  R/S
04  RCL4     12  RCL2
05  2        13  x
06  ST+1     14  ST+0
07  CLX      15  GTO1
08  RCL1     16  RTN
```

b) $a_n = \dfrac{A}{B} \cdot \dfrac{1}{C}$

$A_0 = 1$
$B_0 = 2$
$C = D \times 2^D$
$D_0 = 3$

$A \to 1$
$B \to 2$
$2N - 1 \to I$

Start: GSB 0 = Ladeprogramm
Rechnung GSB 1

14 s (HP 97)
3.14159198
statt 3.14159265

```
001  *LBL1    013  1/X     025  5
002  RCLI     014  RCL1    026  STO0
003  STx1     015  x       027  1
004  ISZI     016  RCL2    028  STO1
005  RCLI     017  ÷       029  STO2
006  STx2     018  ST+0    030  STOI
007  ISZI     019  RCL6    031  EEX
008  2        020  X≤Y?    032  CHS
009  RCLI     021  GTO1    033  6
010  Y^x      022  RTN     034  STO6
011  RCLI     023  *LBL0   035  RTN
012  x        024
```

B.3.5.5 (67, 97)

$b_k \to (1)\ldots(6)$
$n \to (7)$
$k = 0 \to (I)$
$s = 0 \to (8)$
$a \to (9)$

```
001  *LBL1    024  RCLi
002  RCLI     025  .
003  PRTX     026  8
004  RCL8     027  +
005  PRTX     028  ÷
006  SPC      029  ST+8
007  ISZI     030  GTO1
008  RCL7     031  *LBL2
009  RCLI     032  RCL8
010  X>Y?     033  √x
011  GTO2     034  RCL9
012  RCL9     035  +
013  RCLi     036  RCL7
014  X<0?     037  ÷
015  GTO1     038  PRTX
016  X>Y?     039  RTN
017  GTO1
018  RCLi
019  X²
020  2
021  .
022  1
023  +
```

```
        0.0000   ***
s_0    0.0000   ***

        1.0000   ***
s_1    0.0000   ***

        2.0000   ***
s_2    2.7848   ***

        3.0000   ***
s_3    4.6572   ***

        4.0000   ***
s_4    4.6572   ***

        5.0000   ***
s_5    7.9944   ***

        6.0000   ***
s_6   11.0299   ***

c     1.1369   ***
```

B.3.5.6

$n \to (0)$
$n \to (1)$
$1 \to (1)$

001	*LBL1	012	RCL1	1.0000	STO1
002	CLX	013	PRTX → p	8.0000	STO0
003	R/S ← a_k	014	ABS		STOI
004	ST×1	015	1		GSE1
005	DSZI	016	+	1.4500	R/S
006	CLX	017	RCL0	2.3800	R/S
007	R/S	018	1/X	-.8400	R/S
008	X^2	019	Y^x	1.1200	R/S
009	ST×1	020	PRTX → q	-3.4800	R/S
010	DSZI	021	RTN	.7600	R/S
011	GTO1	022	R/S	5.4200	R/S
				-1.9200	R/S
				347.5725	*** p
				2.0787	*** q

Abschnitt B.4

B.4.4.1

$x \to (1)$
$n \to (2)$
$s_0 = 0 \to (3)$
Vorzeichen $+ 1 \to (4)$
$k_0 = 0 \to (I)$

GSB 0, x, n

LBL 0: Vorbereitung
LBL 1: Hauptprogramm
LBL 2: Unterprogramm sinh x

001	*LBL0	017	GSB2	033	GTO1
002	0	018	RCLI	034	RCL2
003	STO3	019	2	035	DSP0
004	STOI	020	×	036	PRTX
005	R/S	021	1	037	RCL3
006	STO1	022	-	038	DSP4
007	CLX	023	÷	039	PRTX
008	R/S	024	RCL4	040	RTN
009	STO2	025	×	041	*LBL2
010	1	026	ST+3	042	e^x
011	STO4	027	1	043	ENT↑
012	*LBL1	028	CHS	044	1/X
013	ISZI	029	ST×4	045	-
014	RCL1	030	RCL2	046	2
015	RCLI	031	RCLI	047	÷
016	÷	032	X≠Y?	048	RTN

GSB0		GSB0		GSB0	
.4000	R/S	.8000	R/S	1.0000	R/S
4.0000	R/S	4.0000	R/S	4.0000	R/S
4.	***	4.	***	4.	***
0.3561	***	0.7764	***	1.0333	***

B.4.4.2

$x \to (4)$
$y \to (5)$
LBL 0   Vorbereitung
LBL 1 $\to z_1$
LBL 2 $\to z_2$
LBL 3 $\to z_3$

Ergebnisse:

001	*LBL0	018	1	035	RCL5
002	CLX	019	+	036	RCL4
003	R/S ← x	020	→P	037	1
004	ST04	021	3	038	+
005	CLX	022	÷	039	→P
006	R/S ← y	023	ST+1	040	1
007	ST05	024	RCL1 → z_1	041	+
008	RTN	025	RTN	042	LN
009	*LBL1	026	*LBL2	043	ST+2
010	RCL5	027	RCL5	044	RCL2 → z_2
011	RCL4	028	1	045	RTN
012	→P	029	+	046	*LBL3
013	2	030	RCL4	047	RCL1
014	×	031	1	048	RCL2
015	ST01	032	+	049	→P
016	RCL5	033	→P	050	RTN → z_3
017	RCL4	034	ST02	051	R/S

z_1	0.333	2.471	3.162	7.366	10.530	2.230
z_2	2.107	3.117	2.693	5.980	6.242	2.464
z_3	2.134	3.978	4.153	9.488	12.241	3.323

B.4.4.3

a) $s_1 = a_1 = x$

$$a_k = a_{k-1} \cdot \frac{-x^2}{(N+1) \cdot (N+2)} \ ; \quad s_m = \sum_{k=1}^{m} a_k$$

$x \to (0)$
$s \to (1)$
$a \to (2)$
$m \to (1)$
$n \to (4)$
$-x^2 \to (5)$

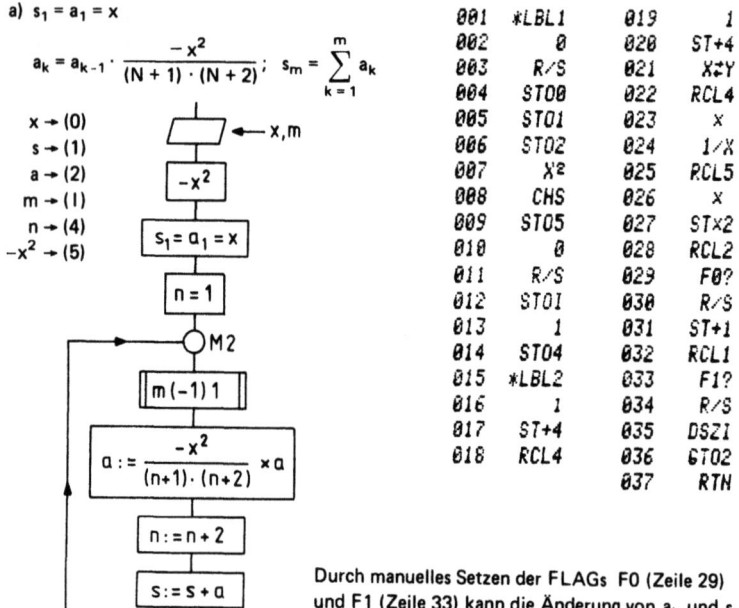

001	*LBL1	019	1
002	0	020	ST+4
003	R/S	021	X⇄Y
004	ST00	022	RCL4
005	ST01	023	×
006	ST02	024	1/X
007	X²	025	RCL5
008	CHS	026	×
009	ST05	027	ST×2
010	0	028	RCL2
011	R/S	029	F0?
012	ST01	030	R/S
013	1	031	ST+1
014	ST04	032	RCL1
015	*LBL2	033	F1?
016	1	034	R/S
017	ST+4	035	DSZI
018	RCL4	036	GTO2
		037	RTN

Durch manuelles Setzen der FLAGs F0 (Zeile 29) und F1 (Zeile 33) kann die Änderung von a_k und s_k pro Zyklus kontrolliert werden.

b) $k = 0 \to (1)$
    $n \to (0)$
    $x \to (1)$
    $a_k \to (2)$
    $2k - 1 \to (3)$
    $s_k, s_n \to (4)$

```
001  *LBL2           017  RCL1            032  *LBL3
002   1              018  RCL3            033  RCL4  s_n
003   CHS            019   Y^x            034  PRTX
004  RCLI            020  ST×2            035  RTN
005   1              021  RCL2  a_k       036  *LBL0
006   -              022  RTN             037   0
007   Y^x            023  *LBL1           038  STOI
008  STO2 Vorz.      024  ISZI            039  ST04
009  LSTX            025  RCL0            040  CLX
010   2              026  RCLI            041  R/S  ← x
011   ×              027  X>Y?            042  STO1
012   1              028  GT03            043  CLX
013   +              029  GSB2            044  R/S  ← n
014  ST03            030  ST+4  s_k       045  STO0
015   N!             031  GT01            046  RTN
016  ST÷2
```

Vorbereitung: LBL 0, x, n
Unterprogramm für a_k: LBL 2
Hauptprogramm: LBL 1

GSB 0, x, n, GSB 1

B.4.4.4

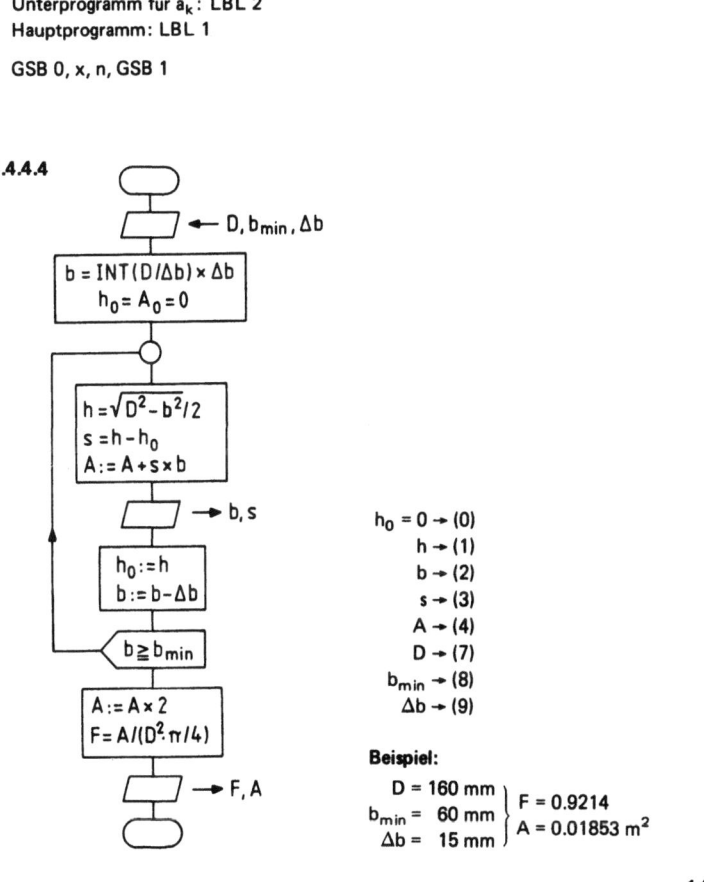

$h_0 = 0 \to (0)$
$h \to (1)$
$b \to (2)$
$s \to (3)$
$A \to (4)$
$D \to (7)$
$b_{min} \to (8)$
$\Delta b \to (9)$

Beispiel:

$D = 160 \text{ mm}$ $\}$ $F = 0.9214$
$b_{min} = 60 \text{ mm}$ $A = 0.01853 \text{ m}^2$
$\Delta b = 15 \text{ mm}$

001 *LBL1	034 RCL0	GSB1
002 ENG	035 −	160. R/S
003 DSP3	036 PRTX	60. R/S
004 CLX	037 RCL2	15. R/S
005 ST08	038 ×	
006 ST04	039 ST+4	150.0+00 ***
007 R/S ← D	040 RCL1	27.84+00 ***
008 ST07	041 ST08	
009 CLX	042 RCL2	135.0+00 ***
010 R/S ← b_{min}	043 RCL9	15.10+00 ***
011 ST08	044 −	
012 CLX	045 ST02	120.0+00 ***
013 R/S ← Δb	046 RCL8	9.976+00 ***
014 ST09	047 X≤Y?	
015 RCL7	048 GTO2	105.0+00 ***
016 RCL9	049 2	7.448+00 ***
017 ÷	050 ST×4	
018 INT	051 RCL4	90.00+00 ***
019 RCL9	052 RCL7	5.780+00 ***
020 ×	053 X^2	
021 ST02	054 ÷	75.00+00 ***
022 *LBL2	055 Pi	4.523+00 ***
023 RCL7	056 ÷	
024 X^2	057 4	60.00+00 ***
025 RCL2	058 ×	3.496+00 ***
026 SPC	059 SPC	
027 PRTX	060 PRTX	921.4−03 *** F
028 X^2	061 RCL4	18.53−03 *** A
029 −	062 EEX	
030 √X	063 CHS	
031 2	064 6	
032 ÷	065 ×	
033 ST01	066 PRTX	
	067 RTN	
	068 R/S	

B.4.4.5 (67, 97)

LBL 0
LBL 9 } Hauptprogramm – Ebene
LBL C

LBL A
LBL B } 1. Unterprogramm – Ebene
LBL 1

LBL 2 } 2. Unterprogramm – Ebene
LBL 3

LBL 7 } 3. Unterprogramm – Ebene
LBL 8

001	*LBL0	032	RCLD	063	0	
002	0	033	STOA	064	STO4	
003	STOI	034	3	065	STO6	
004	*LBL9	035	STOB	066	P⇄S	
005	R/S	036	GSB2	067	RTN	
006	STOi	037	GSB3	068	*LBL8	
007	P⇄S	038	RTN	069	STOI	
008	RCLI	039	*LBL2	070	P⇄S	
009	R/S	040	GSB7	071	RCLi	
010	STOi	041	RCLA	072	P⇄S	
011	P⇄S	042	PRTX	073	RCLi	
012	ISZI	043	GSB8	074	RTN	
013	3	044	Σ−	075	*LBLA	
014	RCLI	045	RCLB	076	1	
015	X>Y?	046	GSB8	077	STOC	
016	GTOC	047	Σ+	078	2	
017	GT09	048	F⇄S	079	STOD	
018	RTN	049	RCLE	080	RTN	
019	*LBL1	050	RCL4	081	*LBLB	
020	0	051	→P	082	2	
021	STO9	052	P⇄S	083	STOC	
022	DSP0	053	ST+9	084	1	
023	STOA	054	RTN	085	STOD	
024	RCLC	055	*LBL3	086	RTN	
025	STOB	056	DSP2	087	*LBLC	
026	GSB2	057	RCL9	088	GSBA	
027	RCLC	058	PRTX	089	GSB1	
028	STOA	059	SPC	090	GSBB	
029	RCLD	060	RTN	091	GSB1	
030	STOB	061	*LBL7	092	RTN	
031	GSB2	062	P⇄S	093	R/S	

Beispiel

	0.0000	GSB0
x_0	1.0000	R/S
y_0	2.0000	R/S
x_1	−4.0000	R/S
y_1	13.0000	R/S
x_2	3.0000	R/S
y_2	14.0000	R/S
x_3	0.0000	R/S
y_3	12.0000	R/S
	0.	***
	1.	***
	2.	***
	22.76	***
	0.	***
	2.	***
	1.	***
	23.36	***

Sachwortverzeichnis

Abkürzungen 51
Adressen 19
Anfahrvorgang 96
Anzeigeformate 9
Ausgleichsgerade 77

Bedingungen 27
Benutzeranleitung 22
Biegemoment 90
Bode-Diagramm 103

Datenspeicher 5
Differentialgleichungen 83
Dreiecksberechnungen 23, 49, 62
Drucker 49

Effektivwert 138
Eigenschaften der Rechner 50
Elektronische Walze (stack) 3
Extremwerte 74

Fehlerkorrektur 79
Flußdiagramm 19
Füllfaktor 47
Funktionen 10

Größter gemeinsamer Teiler 56

Harmonische Analyse 137
Horner Schema 64

Iteration 71

Komplexe Rechnung 117
Komprimierte Zahlenausgabe 55
Korrelationskoeffizient 77
Korrigieren eines Programms 18
Kraft an einem Punkt 88
Kraftfahrzeug 96
Kreisfläche 17
Kubische Gleichung 73

Label 19
Luftdichte 93
Luftwiderstandsbeiwert 93, 98

Magnetisierungsstrom 137
Magnetstreifen 2, 48
Marken 19
Mehrfachverzweigungen 30

Nullstellen 71
Numerische Integration 79

Oktalzahlen 57
Organisationstasten 9
Ortskurve 123

Programmaufbau 15
Programmausführung 21
Programmspeicherung 2, 48
Pythagoreische Zahlentripel 53

Rakete 93
Register 5
Resonanzkreis 125
Rückkopplungsverfahren 135
Rückwärtseinschnitt 114

Schaltvorgang 132
Schleifen 28
Schultest 59
Schrittzähler 28
Schwingungsdifferentialgleichung 86
Spannungsfall 127
Speicherarithmetik 8
Speichermedien 48
Sprunganweisung 19
Standortbestimmung 48
Stern-Dreieckumwandlung 120
Streckenzug 112
Strichlisten 57
Summenbildung 28, 36
Summenspeicher 14

Transformator 123, 131, 137

Unterprogramme 37
UPN 1

Variabler Zinsfuß 33
Verzögerungsglied 103
Verzweigungen 26

Zweipunktregler 107

MIX
Papier aus verantwortungsvollen Quellen
Paper from responsible sources
FSC® C105338

If you have any concerns about our products,
you can contact us on
ProductSafety@springernature.com

In case Publisher is established outside the EU,
the EU authorized representative is:
**Springer Nature Customer Service Center GmbH
Europaplatz 3, 69115 Heidelberg, Germany**

Printed by Libri Plureos GmbH
in Hamburg, Germany